人物叢書

新装版

徳《とく》川《がわ》和《まさ》子《こ》

久保貴子

日本歴史学会編集

吉川弘文館

東福門院画像（光雲寺所蔵）

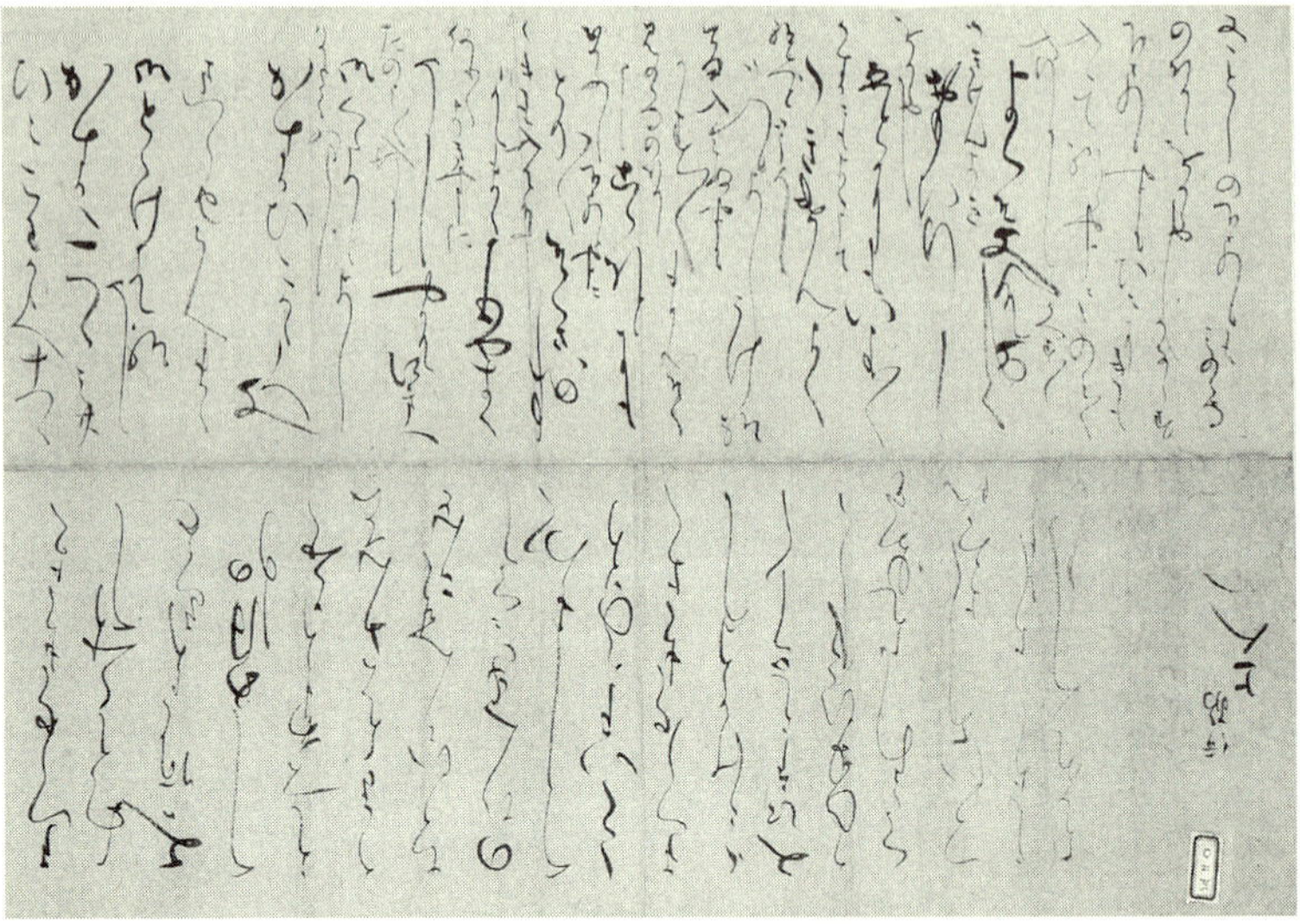

東福門院消息（慶光院文書、神宮徴古館農業館所蔵）

東福門院（徳川和子）が「伊勢上人」（慶光院五世院主周清《しゆせい》）に宛てた消息。年代は不詳だが、追而書《おつてがき》にみえる「ミの丶守」を女院附《によいんづき》に任命された大岡忠吉とすれば、寛永10年（1633）2月19日以降となり、「のほり候をりふし」を任命後の初上洛と考えれば、同年に比定される。和子は、近々江戸に下向する周清に、大奥の「かすか」（春日局）、「ひこ」「こわ」への下賜品を託し、かつ、美濃守上洛時に例年の金子を下されるよう、兄家光への口添えを頼んだ。

はしがき

本書の主人公徳川和子《とくがわまさこ》は、将軍の娘に生まれ、皇后となった唯一の女性である。しかし、その逆で、天皇の娘に生まれ、将軍御台所《みだいどころ》となった幕末の和宮《かずのみや》に比べると、圧倒的に知名度は低いと言えよう。和宮の知名度が高いのは、彼女の生きた時代が、幕府の瓦解という日本の大きな変革期で、和宮の人生もそれに翻弄され、誰の目にもわかりやすく、劇的に展開したからである。それに対して、和子の生きた時代は、徳川幕府が平和と安定を築いていく時代であった。和子はその実現の担い手の一人となったが、果たした役割は外からは見えにくく、歴史のなかに埋没していた感がある。今回、そうした和子に改めて光を当ててみたい。

さて、和子の一生を区分すれば、大きく三つの時期に分けられる。まず、慶長《けいちょう》十二年（一六〇七）の誕生から元和《げんな》六年（一六二〇）の入内までで、江戸城大奥で過ごした子供時代となる。

次は、入内から寛永《かんえい》六年（一六二九）の夫後水尾《ごみずのお》天皇譲位までで、天皇の妻（女御《にょうご》・中宮《ちゅうぐう》）としての時代である。そして最後は、延宝《えんぽう》六年（一六七八）に没するまでの女院《にょいん》（東福門院《とうふくもんいん》）時代で、これが四十九年におよぶ。この間の天皇は、明正《めいしょう》・後光明《ごこうみょう》・後西《ごさい》・霊元《れいげん》と四天皇を数えるが、和子は国母《こくも》であり続けた。

　本書は、この時期区分に従い、基本的に年代に沿って配列したが、女院時代は、和子と皇子女、夫後水尾上皇との関係、趣味嗜好等のテーマに分けたため、必ずしも通時的ではない。なお、このうち、和子の嗜好の表れといわれる小袖《こそで》については、専門外でもあり、先行研究に全面的に頼ったことをお断りしておく。また、和子の子供時代についても、一次的史料を見いだすことができず、姉たちの婚姻や、徳川家と天皇家との関係など、当時の徳川家の状況を述べることで、和子入内の背景を探るに留まった。今回の執筆では、長い後宮《こうきゅう》生活の中で、天皇の妻・母となり、後宮第一位の地位に就いたこと、将軍の娘であることを和子自身がどう消化して行動し、周囲がそれをどのように見ていたのかを念頭に置き、和子の実像を追いかけたが、果たしてどれほど明らかにできたのか、はなはだ心許ない。ただ、これが、今後の和子研究・後宮研究・朝幕研究の一助になってくれれば幸いである。

なお、本書の書名は、執筆を依頼された時には「徳川和子」と「東福門院」の二案いずれとするかは決まっておらず、「徳川和子」に決定したのは、脱稿後であった。もちろん、和子の氏は「源《みなもと》」で、史料上「徳川和子」と記されることはないので、この書名に違和感をもたれる方もあろう。その点、「東福門院」の方が一般的かとも思ったが、その知名度を考慮し、「徳川」とあれば、誰にでもすぐに、江戸時代の徳川家を連想していただけると判断したのである。

ところで、「和子」の読み方についてもしばしば話題となる。これについて、誕生時には、「和子（かずこ）」と命名されたが、入内《じゅだい》に際して、濁音を嫌う宮中の習にしたがって「まさこ」に改められたと説明されることがある。ただ、私自身は、誕生時に和子（かずこ）と命名されたという一次史料にいまだ出会っておらず、この点には疑問を感じている。なぜなら、徳川家康《いえやす》・秀忠《ひでただ》・家光《いえみつ》の娘たちの名を見ると、和子の長姉千姫《せんひめ》に代表されるように、何姫であり、何子姫ではない。また、これを諱《いみな》と考えても、諱は通常、誕生時に定められるものではない。そうしたことから、現時点では、和子（かずこ）命名は、誕生時ではないのではないかと考えている。もし、仮に誕生時であるならば、その命名には相応の理由があったことになろう。いずれにせよ、女性の名前は、たとえ将軍の娘であっても、命名の過程やその名を明確にすることが、意外とむずかしいことを知っていただけるとありがたい。

最後に、本書は、宮内庁書陵部・東京大学史料編纂所・国立公文書館をはじめ数機関に所蔵されている諸史料に基づいて執筆している。記して謝意を表したい。

二〇〇七年一一月

久保貴子

目　次

口絵

挿図

挿　表

系　図

第一 誕生

一 和子誕生と徳川家

将軍の娘にして唯一皇后となった徳川和子《とくがわまさこ》は、慶長《けいちょう》十二年（一六〇七）十月四日、二代将軍徳川秀忠《ひでただ》の五女として、江戸城大奥に生まれた。この年、祖父徳川家康《いえやす》は駿府《すんぷ》城に入り、駿府城を拠点とする大御所《おおごしょ》政治を開始していた。つまり、大坂の豊臣秀頼《とよとみひでより》を意識しつつも、駿府に大御所家康、江戸に将軍秀忠を配する幕府政治が始まった年なのである。和子の婚姻先は、この幕府政治の方向性によって定められることになる。一方で、同年三月には、尾張《おわり》国清洲《きよす》城主であった家康の四男で秀忠の同母弟松平忠吉《まつだいらただよし》が、閏《うるう》四月には、越前《えちぜん》国北庄《きたのしょう》（福井）城主であった家康の次男で秀忠の異母兄結城秀康《ゆうきひでやす》が相次いで没し、徳川御三家の成立をはじめとする徳川家一門の配置と序列化は、まだ流動的であった。

父秀忠

徳川秀忠画像（上徳寺所蔵）

和子の父徳川秀忠は、天正《てんしょう》七年（一五七九）四月に家康の三男として生まれた。その五ヵ月後、長兄で家康の正室所生の嫡男信康《のぶやす》が、織田信長《おだのぶなが》の圧力により母築山殿《つきやまどの》もども死に追いやられる。次兄の秀康は天正二年二月生まれで、秀忠より五歳年長である。天正十二年、人質として豊臣秀吉の大坂城へ遣わされ、ここで元服《げんぷく》、秀吉により羽柴《はしば》秀康と名乗ることとなった。秀忠は天正十五年に元服し、同十八年一月上洛《じょうらく》して、小田原攻め直前の秀吉に謁《えつ》した。おそらくこれが、徳川家の後継者（家康の跡取り）であることを秀吉に認められた瞬間でもあろう。七月、小田原の北条《ほうじょう》氏が滅亡すると、秀吉は家康に関八州を与えて領地替えを命じ、八月には、秀康を関東の名族結城晴朝《はるとも》の養子にして結城家を相続させた。正室には結城晴朝の養女を迎える。

秀忠はこの後、豊臣政権のもと、順調に官位を昇進させていき、天正二十年（文禄《ぶんろく》元、一五九二）九月には従三位権中納言となった。そして文禄四年九月、秀吉の命により、和子の母お江与《えよ》を正室に迎える。お江与は、近江《おうみ》国小谷《おだに》城主であった浅井長政《あざいながまさ》の三女達子《みちこ》で、幼名は江《ごう》という。父長政が織田信長に攻められて自刃《じじん》した天正元年（一五七三）生まれと考えられている。母お市《いち》は信長の妹で、信長没後、お江与ら三人の娘を連れて柴田勝家《しばたかついえ》に再嫁したが、天正十一年秀吉に攻められ、越前国北庄で勝家とともに自害した。お江与ら三姉妹は秀吉の庇護下に置かれ、のちに長姉の茶々《ちゃちゃ》は豊臣秀吉の室淀《よど》殿、次姉の初《はつ》は京極高次《きょうごくたかつぐ》の正室となる。

母お江与

お江与の婚姻

　お江与の最初の婚姻は北庄落城からまもなくのことと見られる。従兄に当たる尾張国大野《おおの》城主佐治《さじ》一成《かずなり》に嫁いだが、天正十二年、秀吉が佐治一成の所領を没収したおり離縁させられ、のちに秀吉の養女となって、やはり秀吉の養子となっていた秀勝《ひでかつ》と婚姻した。『寛政重修諸家譜《かんせいちょうしゅうしょかふ》』や『徳川諸家系譜』などには、秀勝を織田信長の四男と記載しているが、これは誤りで、信長の四男であった於次秀勝は天正十三年に病没している。お江与が再嫁した秀勝は、小吉秀勝と呼ばれる秀吉の甥で、関白となった豊臣秀次《ひでつぐ》の次弟にあたる。この秀勝は、天正二十年九月に出陣先の朝鮮巨済島《コジェド》で病没する。二人の間には娘が一人いるが、生年は未詳である（この年の生まれとも言われる）。そして、文禄四年

（一五九五）九月、お江与はこの娘完子を姉淀殿の許に残して、秀忠に再々嫁した。

この二ヵ月前の七月、秀吉は、関白秀次を自害に追い込み、文禄二年に生まれた秀頼（母は淀殿）が跡継ぎであることを名実ともに明らかにしていた。秀忠とお江与の婚姻は、この新豊臣体制を補完するためのものであった。

家康の男子

一方、当時の徳川家は、家康の男子が先に記した秀康・秀忠・忠吉のほか信吉《のぶよし》・忠輝《ただてる》・松千代《まつちよ》（夭折《ようせつ》）・仙千代《せんちよ》（夭折）と七人いた。このうち秀康は下総《しもうさ》国結城、忠吉は武蔵《むさし》国忍《おし》、信吉は下総国佐倉《さくら》を与えられていた。六男忠輝はまだ四歳であった。天正生まれの信吉までの四人は、秀吉の一字「秀」もしくは「吉」を拝領して名前が付けられている。ちなみに秀康には、この年（文禄四年）六月に嫡男忠直《ただなお》が生まれている。

戦後処理

慶長三年（一五九八）八月、豊臣秀吉が没し、同五年九月の関ヶ原の戦いを経て、徳川家康は天下取りに向けて大きく前進した。しかし、この戦いは表向き、豊臣家の大老《たいろう》筆頭として、豊臣秀頼を守るという大義のもとに行われており、家康軍、つまり東軍の主力は故秀吉子飼いの部将たちであった。それだけに戦後処理を遺漏なく終え、自らの地盤と地位を固める必要があった。同年十月、四男松平忠吉を尾張国清洲に、十一月、次男結城秀康を越前国北庄（福井）へ移す。慶長六年七月、会津《あいづ》の上杉景勝《うえすぎかげかつ》はこの秀康を頼って講和を結んで上洛し、米沢に移される。替わって会津には、家康の娘婿蒲生秀行《がもうひでゆき》が入った。翌七年五月、常陸《ひたち》の名族佐竹《さたけ》氏の所領を没収し、七月秋田に移し、十一月、その領地でもあった常陸国水戸へ五男松平信吉を配した。薩摩《さつま》の島津家久《しまづいえひさ》が上洛したのもこの年である。したがって、戦後処理は慶長七年のうちにほぼ終了したといえるであろう。もちろん、豊臣秀頼は依然、大坂にいる。

慶長七年十二月晦日、醍醐寺座主《だいごじざす》の義演《ぎえん》は、豊臣秀頼が関白に、徳川秀忠が将軍になるという噂を日記に書き留めた（『義演准后日記《ぎえんじゅごうにっき》』）。二条晴良《にじょうはれよし》の子である義演は、足利義《あしかがよし》昭《あき》の猶子《ゆうし》でもあり、文禄三年には東寺長者《とうじちょうじゃ》にもなっている。その出自と地位から公家・武家双方とつながりを持っていたが、とりわけ豊臣秀吉とは親交が厚く、醍醐寺復興の援助も受けていたので、当時は豊臣家寄りの人物と言ってよいであろう。しかしその点を差し引いてみたとしても、この噂は豊臣家の存在の大きさを物語っている。

関白職

秀頼と秀忠は、慶長六年三月二十七日、同時に権大納言に任官しているが、秀頼が従二位、秀忠が従三位なので秀頼が上位になる。関白職は、豊臣秀次の死後、五年余りの空席のあと、慶長五年十二月十九日、九条兼孝《くじょうかねたか》が再任された。天正十三年の豊臣秀吉就任以来、豊臣家に独占されていた関白職が公家（摂家）の手に戻ったことになり、当時の公家の間ではそのように考えられていた（『舜旧記《しゅんきゅうき》』慶長五年十二月二十一日条）。しかし、これは豊臣秀頼の関白任官への道が閉ざされたということに直結はしない。もちろん九条兼孝の関白就任は、豊臣家にとっては望むべき事ではなかったが、当時秀頼は八歳。致し方ないという意識だったのではないだろうか。

家康の将軍宣下

慶長八年一月十日、毛利輝元《もうりてるもと》は国元に宛てて、家康の将軍任官と同時に、秀頼が関白に任官されるだろうと知らせた（『萩藩閥閲録《はぎはんばつえつろく》』第一巻）。輝元もまた、関ヶ原の戦いでは西軍盟主と目された豊臣家方の大名で、秀頼の関白就任を歓迎する一人だった。二月十二日、家康は伏見《ふしみ》城で将軍宣下《せんげ》を受けた。同時に内大臣から右大臣に昇任した。四月二十二日、今度は空いた内大臣に秀頼が昇任された。この勅使《ちょくし》が大坂城に遣わされた際にも、関白宣下の勅使ではないかと考える人がいた。相国寺《しょうこくじ》の西笑承兌《せいしょうじょうたい》である。彼もまた故秀吉のブレーンの一人であった。このように家康が将軍宣下を受ける前後には、秀頼の関白就任の噂が付いて回っていた。

秀忠の将軍宣下

慶長十年四月十六日、秀忠が将軍宣下を受ける。家康から将軍職を委譲されたのである。家康の将軍宣下からわずか二年三ヵ月。この計画がいつから進められていたのかはわからない。ただ、三月には秀忠の大臣昇任が内々進められており（『言経卿記《ときつねきょうき》』慶長十年

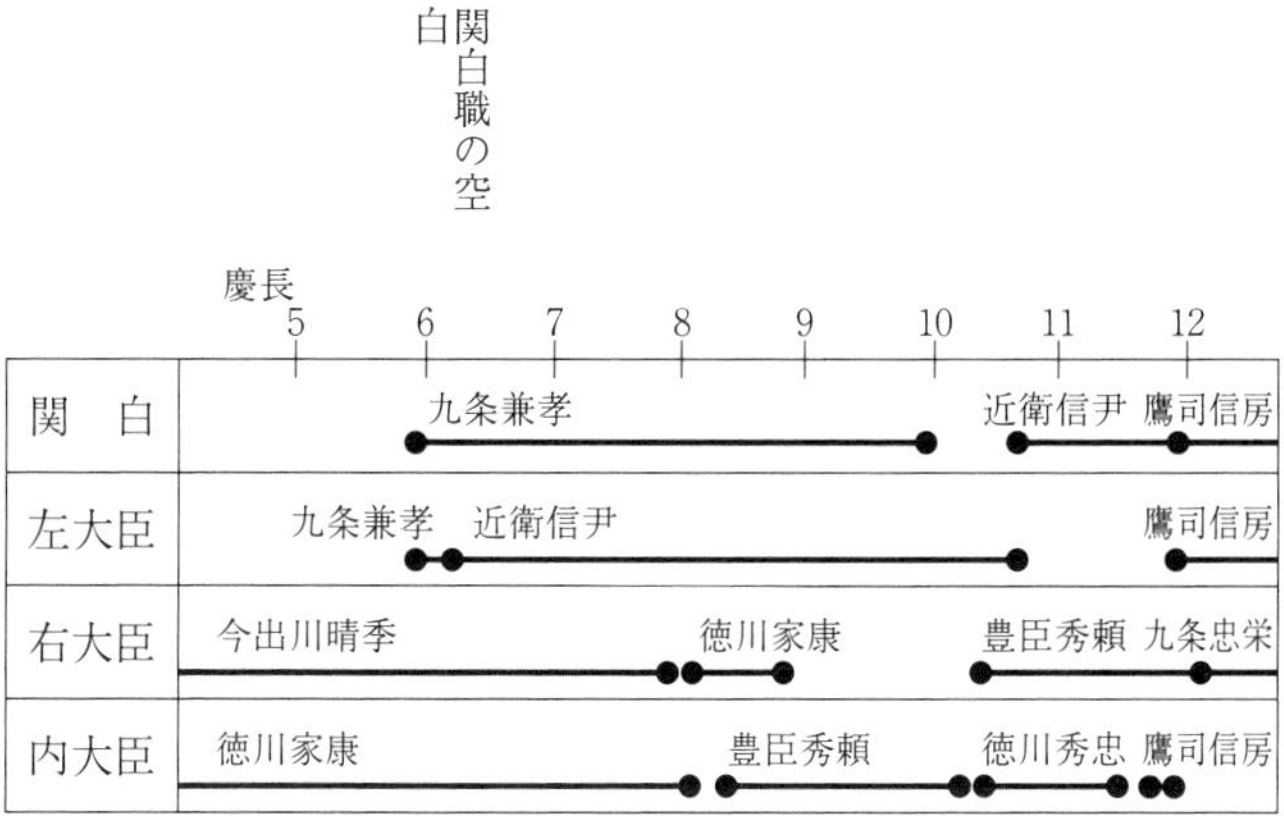

関白〜大臣の補任状況

三月十五日条)、これは将軍職委譲のための準備という見方もできる。当時は左大臣が近衛信尹《このえのぶただ》、内大臣が豊臣秀頼で、右大臣は空席であった。慶長八年二月、将軍宣下と同時に右大臣に任官された徳川家康は、同年十月には右大臣を辞しており、以後空席となっていたのである。しかし、大納言の秀忠を内大臣の秀頼を超越して右大臣にはしがたい。四月十二日、秀頼がまず右大臣に任官した。これで内大臣が空き、四日後、秀忠は将軍宣下と同時に内大臣に昇任した。

ところで、この時期、関白職もまた空席であった。関白九条兼孝は、前年十一月十日に辞任していた。辞任の理由は不明だが、直接の契機は二日前の娘(八条宮智仁《はちじょうのみやとしひと》親王の御簾中)の死であったようで、葬儀の行われた同月十八日に出家している。その後、関白職は、慶長十年七月二十三日に左大臣近衛信尹がその任に就くまで空席となったのである。ただ管見の限りでは、慶長十年に秀頼の関白就任の噂は確認できない。将軍職が家康から秀忠にわずか二年で委譲されたことは、豊臣家にとって精神的な打撃であり、噂が流れないところにも豊臣家の威信後退を感じさせる。しかし、秀頼はまだ十三歳。関白就任をあきらめたわけではなかろう。徳川・豊臣両家による二元公儀体制はまだ続いていた。

二　和子の姉たち

徳川家の子女の婚姻相手をみれば、その時々の徳川家の状況・立場がわかる。この時代の婚姻とはそういうものであった。家康の婚姻も秀忠の婚姻もそうである。豊臣秀吉の晩年に行われた秀忠とお江与の婚姻についてはすでに述べた。この二人の間には、その後二男五女が誕生する。和子はその末娘である。

結婚から二年後の慶長二年（一五九七）四月十一日、長女千姫《せんひめ》が伏見《ふしみ》城で誕生する。結婚当初のお江与の住居は伏見であったということになる。秀吉はまだ健在で、家康との間でこの千姫と秀頼の婚姻が内約された。この約束は翌年の秀吉没後も反故《ほご》にはされず、家康が将軍に就任した五ヵ月後の慶長八年七月二十八日、実現の運びとなる。家康としては豊臣家との関係をまだ維持しておく必要があった。お江与は慶長三年頃、居を江戸城に移したとみられ、千姫も江戸城内で成長した。慶長八年六月、七歳の千姫に同行して身重のお江与（四女初姫を懐妊中であった）も江戸を出立した。

千姫の婚嫁

七月二十八日、千姫は伏見から大坂へ船で入った。川岸の警護にあたったのは前田利長《まえだとしなが》・細川忠興《ほそかわただおき》・黒《くろ》田《だ》長政《ながまさ》・堀尾忠氏《ほりおただうじ》ら豊臣家恩顧の大名で、千姫の輿《こし》に従ったのは幕府年寄大久保忠隣《おおくぼただちか》、大坂城で出迎えたのは浅野幸長《あさのよしなが》であった。千姫が大坂夏の陣によって夫秀頼と姑で伯母の淀殿を失うのは、それから十二年後のことである。二人の間に子はなかった。

千姫の再嫁

夫秀頼を失った千姫は江戸に戻り、和子はこの時初めて十歳年長の姉に対面した。しかし、翌年の元《げん》和《な》二年（一六一六）九月二十九日、千姫は、早くも伊勢《いせ》

千姫姿絵（天樹院寿像額、弘経寺所蔵）

国桑名《くわな》城主本多《ほんだ》忠政《ただまさ》の嫡子忠刻《ただとき》に再嫁が決まる。忠刻の母は家康の長男信康の娘で、この縁組はその縁から実現したもののようである。千姫には化粧料として十万石が与えられた。将軍の娘とはいえ破格の扱いだった。本多家は翌年播磨《はりま》国姫路《ひめじ》へ移り、千姫は「播磨の姫君」と称されるようになる。

　忠刻との間には一男一女を儲けたが、男子は夭折した。そのためか、元和九年、千姫は伊勢慶光院《けいこういん》の周清尼《しゅせいに》に秀頼の供養を依頼した。同年九月の周清尼の願文《がんもん》から推察すれば、千姫は秀頼の祟りではないかと悩んでいたらしい。しかし、その後も子に恵まれず、寛永《かんえい》三年（一六二六）五月七日には、夫忠刻まで失ってしまう。男子のいなかった千姫は、この年、本多家を離れ、娘を連れて生家である徳川家に戻った。もちろん、この時すでに和子は江戸にいない。三代将軍である弟家光《いえみつ》は千姫を歓待し、以後優遇した。この家光の姿勢により、千姫は幕閣にも一目置かれる存在となり、以後、徳川家の人として一生を送ることとなる。

珠姫誕生

　慶長四年三月、江戸城で次女珠姫《たまひめ》（子々姫《ねねひめ》）が誕生する。翌年には早くも前田利長の異母弟で嫡養子となる利常《としつね》との縁組が内約され、翌慶長六年九月、わずか三歳で加賀《かが》国金沢にいる九歳の利常に嫁いだ。豊臣家恩顧の大大名であり、五大老の一人でもある前田家と早く姻戚関係を結んでおきたいという家康の意図であった。その後、珠姫は慶長十八年の長女出産を皮切りに、二十四歳で没する元和八年（一六二二）までの九年間に三男五女（四女とも）を儲けた。したがって、和子はこの次姉に会ったことはない。

勝姫誕生

慶長六年五月、三女勝姫《かつひめ》が誕生する。勝姫は、和子が唯一、幼少期の四年間をともに過ごすことのできた姉である。慶長十四年、従兄の越前国福井藩主松平忠直との婚姻が内約し、慶長十六年九月に嫁いだ。すでに述べたように、忠直は秀忠の兄結城（松平）秀康の長男で、慶長十二年に父秀康が没し、十三歳で遺領を相続していた。この縁組は明らかに徳川家一門の結束を意図している。秀忠にすれば、兄である越前松平家に対する配慮といった方が当たっているのかもしれない。二人は一男二女に恵まれるが、この婚姻は結局不幸な結果に終わったと言わなくてはならない。

忠直蟄居

元和九年二月、父秀忠が夫忠直を隠居させ、豊後《ぶんご》国萩原《はぎわら》へ蟄居《ちっきょ》させたのである。原因は忠直の方にある。年下の叔父たち（御三家の祖である義直《よしなお》・頼宣《よりのぶ》・頼房《よりふさ》）より官位も席次も低いこと、大坂の陣での軍功に対する恩賞がなかったことなどが、将軍の兄の嫡子であるとの自負を持つ忠直を鬱屈させた。そして元和五年頃から不穏な行動が見え始める。元和七年には、江戸参勤の途中で病を理由に引き返し、代わりに嫡男仙千代（光長《みつなが》、七歳）を江戸に向かわせた。元和八年にも江戸参勤の途中で帰国し、十月には勝姫を殺そうとして身代わりになった侍女を殺害、十二月には老臣永見《ながみ》一族を誅した。

光長家督

ここに至ってついに秀忠は動いた。ただ、家は取り潰さなかった。幸いにも勝姫所生の嫡男光長がいた。秀忠は家督を光長に継がせ、元和七年以来江戸城で養育していた光長をいったん帰国させたが、同年のうちに勝姫ともども江戸へ呼び寄せた（「西巌公年譜《せいがんこうねんぷ》」「三世《さんせい》恵《え》照公《しょうこう》年譜」『徳川諸家系譜』四所収）。そして、翌寛永元年（一六二四）、光長を越後《えちご》国高田《たかだ》へ転封させ、越前国福井には高田藩主であった忠直の弟忠昌《ただまさ》を入れた。つまり越前松平家一門の間で領地を入れ替えたのである。この処置は光長が幼少だったためで、制裁処置ではない。のちに勝姫の娘二人は、高松宮家《たかまつのみやけ》と九条家に嫁いでいる。

初姫誕生

慶長八年七月、千姫に同行して伏見城にいたお江与は、ここで四女初姫を生む。その名はお江与の次姉と同じである。初姫は子供に恵まれなかったこの伯母、すなわち若狭《わかさ》国小浜藩主京極高次の正室初（のちの常高院《じょうこういん》）に引き取られて成長し、高次の長男忠高《ただたか》との婚姻が定められた。忠高は文禄二年（一五九三）生まれ、初姫より十歳年長である。慶長十四年高次が没し、忠高が遺領を相続した。二人の間に子はなく、どうやら夫婦仲も芳しくなかったらしい。

初姫死去

初姫は寛永七年（一六三〇）三月四日に死去するが、この臨終《りんじゅう》時の京極家の様子が、細川忠興の書状などによって知られている（『大日本近世史料　細川家史料』三所収）。忠高は邸内で、危篤の正室初姫を尻目に相撲の興行を行っていたのである。そして、危篤の報を聞いて、大御所秀忠から派遣された酒井忠世《さかいただよ》・土井利勝《どいとしかつ》・永井尚政《ながいなおまさ》ら幕府年寄が到着して、逃げ隠れたという。初姫の葬儀も、父秀忠の手によって小石川《こいしかわ》の伝通院《でんつういん》で執り行われ、忠高は関わることを許されなかった。

こうしてみると、和子の四人の姉たちの結婚生活は概して平穏だったとは言い難い。次姉珠姫が唯一、円満な夫婦生活を送っていたようだが、若死にした原因は短期間の多産であろう。お江与はこののち、慶長九年に家光、慶長十一年に忠長《ただなが》を儲け、最後が慶長十二年の和子となる。

異父姉完子

ところで、和子にはもう一人忘れてはならない姉がいる。お江与が秀忠に嫁ぐ際に、姉淀殿の許に置いて来ざるを得なかった娘完子である。豊臣家の血を引く数少ないこの娘は、伯母淀殿に育てられた。そして、慶長九年六月三日、淀殿の猶子として関白九条兼孝の嫡男忠栄《ただひで》（幸家《ゆきいえ》）と婚姻した。花嫁行列の装いや道具は驚くほどのものであったらしく、淀殿の力の入れようが窺われる（『慶長日件録《けいちょうにっけんろく》』）。このとき忠栄は権中納言で十九歳だったが、四年後には関白に就任する。淀殿が完子を摂家に嫁がせたのは、やはり朝廷とのつながりを重視してのことであろう。慶長十二年一月二十四日、完子は長男（のちの二条康道《やすみち》）を出産した。同年十月四日生まれの和子からみれば、先に生まれた同い年の甥である。二年後、次男（のちの九条道房《みちふさ》）も誕生する。

三　祖父徳川家康と朝廷

武家政権と朝廷とは、切っても切れない関係にある。和子入内《じゅだい》は、そうした中で選択された幕府の政策の一つであるが、受け入れる朝廷は、近世初頭どのような状況にあったのであろうか。豊臣家と朝廷との親交は、家康が将軍になったのちも変わらず続けられていた。年頭の賀儀《がぎ》のための勅使は、大坂城にいる秀頼の許に派遣されていたし、後《ご》陽成《ようぜい》天皇の弟八条宮智仁親王《はちじょうのみやとしひと》をはじめ、公家や門跡《もんぜき》も大坂に参向していた。一方の徳川家と朝廷の関係を見るには、当然、徳川家康の動きが重要となる。

後陽成天皇の譲位問題

儀礼上の関係はさておき、徳川家康が政治上で朝廷に関わることになった最初は、慶長三年（一五九八）に起きた後陽成天皇の譲位問題である。豊臣秀吉の死去からまだまもな

八条宮智仁親王

い十月十八日、天皇は病を理由に譲位の意向を示した。天皇が勧修寺晴豊《かじゅうじはれとよ》・久我敦通《こがあつみち》・中山親綱《なかやまちかつな》の三伝奏《てんそう》を呼んで、これを前田玄以《げんい》に伝えるよう命じたところから始まる。玄以はただちに参内《さんだい》、親王や摂家をはじめ公家衆を招集して談合した。その結果、当惑しつつも「叡慮次第」にとの意見が大勢となった（『御湯殿《おゆどの》の上《うえ》の日記』）。しかし、同月二十一日、天皇が弟宮の智仁親王に譲位すると表明したことから、事は一気に紛糾した。誰しもが故秀吉が儲君《ちょくん》に定めていた天皇の第一皇子良仁《かたひと》親王への譲位と思いこんでいたためである。二日後の九条兼孝の日記には、智仁親王への譲位には到底賛同できず、良仁親王への譲位であるべきと勅答したとある（『徳川家康文書の研究』）。

豊臣家五大老《たいろう》の筆頭で、伏見にいた家康にも譲位の意向が伝えられた。同月二十四・二十五日の両日、昵近《じっきん》の山科言経《やましなときつね》を伏見に呼んで事の経緯を確かめ、同時に、他の大老や五奉行《ぶぎょう》と連絡をとったが、意見

徳川家康画像（久能山東照宮博物館所蔵）

二条城建設

が分かれた。そのためか、二十六日には、増田長盛《ましたながもり》と長束正家《なつかまさいえ》が二条邸を訪れ、摂家衆による会合が開かれた。ここで問題とされたのは、良仁親王をさしおく皇位継承であったことに加え、智仁親王の経歴が天皇位にふさわしいのかという点であった。というのも、智仁親王は一度秀吉の猶子になり、関白職を継ぐ約束があったのだが、秀吉に実子が生まれたことにより宮中に戻り、改めて八条殿の称号を得て親王家を立てていたからである。この経歴が皇位継承者にふさわしくないというのが周囲の判断だった。娘を智仁親王に嫁がせていた九条兼孝にして反対ということが、それをよく物語っている。

それならばということなのか、天皇は第三皇子を立てようとした。この皇子三宮が、のちに和子の夫となる後水尾《ごみずのお》天皇である。三宮の母は天皇の女御《にょうご》(天皇の正妻)近衛前子《さきこ》なので、いわゆる嫡子である。結局、このときは皇継者を定めないまま、譲位自体が時期尚早であるとの理由で、十一月十八日、家康が譲位を押しとどめ、譲位は沙汰止みとなった。しかし以後、三宮の儲君への流れは確実に進行し、二年後、良仁親王を退けてほぼ定まる。

慶長七年、家康は京都の二条堀川に城郭を建設し始めた。二条城である。この城は完成後、対朝廷政策を遂行するための拠点となる。笠谷和比古氏が述べるように、軍事ではなく儀典の要素を第一義とした城であった。のちに記す和子の入内行列もこの城から出発するのであり、後水尾天皇の行幸《ぎょうこう》もこの城が重要な舞台となる。

院御所造営

慶長十年七月、幕府は禁裏《きんり》の敷地拡張と院御所《いんごしょ》の造営を計画し、着手した。後陽成天皇の譲位に向けた準備が始まったということになる。その後、院御所は慶長十二年に完成し、十二月十六日、天皇は内々移徙《いし》した。禁裏の敷地拡張については、十二月二十一日、幕府案に天皇が不満を漏らして決さず、また女院《にょいん》（新上東門院《しんじょうとうもんいん》、天皇の生母、勧修寺晴《はれ》子《こ》）の新殿の造営地として二条家の屋敷地が当てられることになった（『義演准后日記』）。

武家官位

慶長十一年四月、上洛した家康は、幕府の推挙なしに武家に官位を与えないよう、武家伝奏を通じて朝廷に申し入れたという。豊臣秀頼の執奏権の抑止を企図したものと思われる。これによって武家の官位補任は、ほぼ幕府に統制されることになる。また、秀頼の関白就任の可能性も事実上このとき消えたのではないだろうか。この年、将軍秀忠は内大臣を辞した。九月二十二日、空いた内大臣に権大納言の鷹司信房《たかつかさのぶふさ》が昇任し、ついで十一月十日、右大臣の秀頼を超えて左大臣（前年七月から空席だった）となり、翌日関白に就任した。そして翌慶長十二年、ついに秀頼も右大臣を辞す。代わって右大臣となったのが完子の夫九条忠栄であった。

慶長十四年、朝廷内を揺るがす猪熊《いのくま》事件（官女密通一件）が起きる。公家衆と女房衆との密通は、当時としてはさほど珍しいことではなく、風紀の乱れの根は深い。密通が露見すると、公家衆は勅勘《ちょっかん》を蒙って逼塞《ひっそく》するか出奔《しゅっぽん》、女房衆も宮仕を解かれて親元に帰されるというのがこれまでの一般的な処分であった。十六世紀から十七世紀にかけて、社会的には「傾《かぶ》く」風潮が広まっており、公家社会においても例外ではなかったのである。しかし今回は、複数による密通であったこと、これを知った後陽成天皇の怒りが激しかったことから内々にすませることができなくなった。

取り調べ

当初の取り調べは、「奥」に勤仕する大御乳人《おおおちのひと》（天皇の御乳人）が中心となり、これに女院御所付きの少納言局などが加わっていたようである。その後、密通の当事者たちが判明すると、七月四日、新大典侍《しんたいすけ》（広橋兼勝《ひろはしかねかつ》の娘）、権典侍《ごんのすけ》（中院通勝《なかのいんみちかつ》の娘）、中《なかの》内侍（水無瀬《みなせ》氏成《うじなり》の娘）、菅《かんの》内侍（唐橋在通《からはしありみち》の娘）、命婦《みょうぶ》讃岐《さぬき》の五人が親元に預けられ、烏丸光広《からすまるみつひろ》、大《おお》炊御門頼国《いみかどよりくに》、徳大寺実久《とくだいじさねひさ》、花山院忠長《かざんいんただなが》、飛鳥井雅賢《あすかいまさかた》、中御門宗信《なかみかどむねのぶ》、難波宗勝《なんばむねかつ》の七人の公家衆が勅勘を蒙った。さらに、二年前に天皇の勅勘を蒙って出奔中であり、かつ今回の首謀者とされた猪熊教利《のりとし》と典薬《てんやく》の兼保頼継《かねやすよりつぐ》は逃亡した。通常はこれで収拾するのだが、この段階で正式に幕府に報告され、取り調べは「表」へと移った。つまり摂家や武家伝奏ら公家方と幕府方（家康方）によって、事件の解明と処分が計られることになったのである。なお、豊臣方にも報告され、高台院《こうだいいん》（故豊臣秀吉の正室北政所《きたのまんどころ》）などは使者を女院御所や京都所司代に送っている。

家康の意向

七月十四日、家康の使者として上京した板倉重昌《いたくらしげまさ》から家康の意向を伝えられた京都所《しょ》司代《しだい》板倉勝重《かつしげ》は伝奏を訪ね、家康の内意が、事件の是非を糺《ただ》し、天皇の叡慮次第に処分することであることを伝えた（「時慶卿記《ときよしきょうき》」）。同月十八日には、近衛信尹邸に他の摂家衆や智仁親王、所司代が参集して議し、その日のうちに、智仁親王と信尹が女院御所に出向いて、談合結果を新上東門院に報告した。この時点では、天皇の叡慮次第にすることで公武間は合意したらしい。

天皇の叡慮

しかし、天皇が即時の厳罰（死罪）を希望したため、重昌はいったん駿府に戻って家康の判断を仰いだ。そして再度、家康の使者として大沢基宥《おおさわもとひろ》とともに上京したのは八月四日である。家康は、天皇の怒りはもっともなことで、処分は叡慮次第としながらも、後難のないように十分な糾明をなすべきとして、即時の厳罰には不賛同の姿勢を示した。これは大沢から直に天皇に奏聞されたが、これに不満であった天皇は摂家衆を参内させて談合し、改めて、大沢に叡慮に変更のないことをみずから厳命した（『御湯殿の上の日記』）。

しかし、その後、事は天皇の思い通りには進まなかった。所司代は、公家衆への訊問《じんもん》を所司代邸で、女房衆への訊問を武家伝奏の勧修寺邸（天皇の生母新上東門院の実家でもある）で行い、取り調べを続けた。そして、八月二十日、所司代の板倉勝重が駿府に向けて出発し、翌日には女院（勧修寺晴子）の使者帥局《そちのつぼね》と女御（近衛前子）の使者右衛門督《えもんのかみ》、それに楊林院《ようりんいん》（柳原淳光《やなぎわらあつみつ》後室）の三人も駿府に向かった。公家衆からとりなしを頼まれていた女院と女御は、寛大な処置を望んでいたとみられ、このときの使者の役目はそれを家康に伝え、かつ怒りのおさまらない天皇への対応策を相談するためであったと考えられている。実際、九月十九日に帥局らが帰京し、二十三日に所司代の板倉が帰京すると、翌日には処分を家康に任せるという天皇の勅諚《ちょくじょう》が所司代に伝えられた。

女官・公家衆の配流

十月一日、親元に預けられていた新大典侍ら五人と御末衆《おすえしゅう》五人・女嬬《にょじゅ》三人が楊林院に同行されて駿府に下り、そのまま新大典侍ら五人と女嬬二人は伊豆《いず》の新島《にいじま》へ配流《はいる》となった。さらにこの月、八月に捕縛されていた猪熊教利と兼保頼継が、京で斬罪に処せられた。十一月に入って、七人の公家衆の処分も行われた。花山院忠長が蝦夷《えぞ》、飛鳥井雅賢が隠岐《おき》、大炊御門頼国・中御門宗信が薩摩の硫黄島《いおうじま》、難波宗勝が伊豆にそれぞれ配流され、烏丸光広と徳大寺実久は配流を免れた。

この一件はこうして落着し、処分された者の家族に類は及ばなかった。たとえば、武家伝奏の要職に就いていた新大典侍の父広橋兼勝は、七月四日以降謹慎していたようだが、十月中には伝奏の職務に復帰している。

譲位の内意

一件そのものはこれで終息したが、天皇の憤懣《ふんまん》は深く、孤立していった。同年十二月、譲位の内意を家康に伝え、その返答を催促した。家康は即答を避けたようで、天皇は、将軍である秀忠に伝えるよう、伝奏の勧修寺光豊に命じ、改めて幕府にこれを伝えた。このとき、政仁《ことひと》親王（後水尾天皇）の即位に際しては、家康、秀忠の上洛を希望していることも所司代を通じて伝えている（「勧修寺光豊公文案」）。翌慶長十五年二月、熟慮の末、幕府は、院御所もすでに完成しており（内裏の新造はまだであったが）、これを了承した。以後、譲位の準備が進められ、譲位日を三月十八日か二十一日にすることも朝廷内で内定した。ところがである。閏二月、突然、家康が末娘市姫の夭折を理由に、譲位の延期を奏請した。当面上洛しないということなのである。天皇は激怒した。

家康の返答

三月十一日、武家伝奏の広橋と勧修寺が勅使として駿府に下向し、四月二十八日、帰京して、天皇に家康の返答ともいうべき七ヵ条の「条々」（四月十八日付、伝奏宛て）を披露した。この七ヵ条は、九月二日になって、ようやく摂家衆に披閲《ひえつ》されたというから、天皇の怒りのほどが窺われる。ちなみに第一条をみると、譲位は、家康か秀忠のどちらかが上洛して「馳走《ちそう》」しなくてはできないはずで（暗に二人とも上洛できないと言っている）、それでも年内に強行するなら勝手にしてくださいという内容で、天皇の怒りもわかる気がする。

第二条では、政仁親王の元服を年内にという天皇の思し召しはもっともだと述べる。この文面だけだと、一見、天皇の意見を入れたかに見えるが、実はそうではない。天皇は政仁親王の元服と譲位を同日に行いたいという強い希望をもっていた。これに対し、家康は、元服は今年、譲位は来年以降にと述べたのである。

智仁親王ら天皇を説得

十月に入って、家康は再度、伝奏に三ヵ条の「条々」を送り、摂家衆にも書状を出した。これを受けて、ようやく摂家衆も事態の打開に向けて動き始める。しかし、天皇は態度を硬化させたままで進展せず、十一月、前関白鷹司信房が、皇弟八条宮智仁親王に天皇への諫奏《かんそう》を頼み、同月二十二日、智仁親王は兄の興意《こうい》法親王（昭高院宮）、良恕《りょうじょ》法親王（曼殊院宮《まんしゅいんのみや》）とともに天皇の説得を試みた。二度の奏上で天皇がようやく折れ、結果、同年十二月二十三日に政仁親王の元服が、翌慶長十六年三月二十七日に譲位が行われた。

後陽成上皇四十一歳、後水尾天皇十六歳であった。

家康上洛

家康が上洛のために駿府を出立したのは、慶長十六年三月六日である。同月十七日に京へ到着して、まず二条城、ついで伏見城に入った。今回の上洛には義直・頼宣を同行しており、二十日、二人はともに従三位左近衛権中将に叙任された。譲位が行われた二十七日には、豊臣秀頼が家康に対面するため淀に到着し、義直と頼宣に出迎えられた。二十八日、二条城で家康と秀頼の会見が行われ、四月二日、家康は義直と頼宣を大坂城へ派遣し、秀頼の入洛を謝した。その間の三月二十九日、後陽成上皇に対し、仙洞《せんとう》御料二千石を進献。四月十二日、即位の大礼が行われ、大礼後、家康は義直と頼宣を従えて参内した。またこの日、京に参集していた西国・北陸方面の大名二十二名に三ヵ条の法令を示し、誓詞を徴した。四月十四日、二条城で能楽を催し、親王・門跡・公家衆を饗応。そして、四月十八日、家康は駿府に向けて出京する。このように家康は一ヵ月の滞京中に、対天皇、対豊臣の二つの懸案を同時進行で対処したのである。

家康参内

第二　入　内

一　およつ一件

入内の噂

慶長《けいちょう》年間、家康《いえやす》と後陽成《ごようぜい》天皇は厳しい対立を見せた。そして、天皇はほとんど孤立無援の状態で、我が子後水尾《ごみずのお》天皇に譲位する。そのようななか、家康がいつから後水尾天皇に秀忠《ひでただ》の娘を入内《じゅだい》させようと考え始めたのかは定かでない。ただ、慶長十三年(一六〇八)にはすでに噂が流れている。醍醐《だいご》寺の義演《ぎえん》の日記に、「将軍姫君、后に立たせられ御上洛《ごじょうらく》と云々」と記されているのである(「義演准后日記《ぎえんじゅごうにっき》」慶長十三年九月二十六日条)。新内《だい》裏《り》の造営はまだだったが、院御所《いんごしょ》の造営はすでに成り、譲位の時期がそう遠くないであろうことは誰の目にも予想がついた。それに豊臣秀吉《とよとみひでよし》が、後陽成天皇の許に近衛前久《このえさきひさ》の娘前子《さきこ》を養女として嫁がせた前例をみれば、次期天皇となる政仁《ことひと》親王の婚姻に、幕府が関与することは公家社会においても予期されていたのではなかろうか。しかも将軍には実の娘がいる。

勝姫と和子

この時、将軍秀忠の手許にいた娘は三女の勝姫《かつひめ》と五女の和子《まさこ》の二人。他の三人の娘たちは、すでに豊臣、前田《まえだ》、京極《きょうごく》の三家へそれぞれ嫁いでいた。ただ幕府が、次に将軍の娘をどこに嫁がせるかを思案した場合、まずは慶長十二年に死去した秀康《ひでやす》の家、つまり越前松平《えちぜんまつだいら》家を考える方が自然であろう。勝姫が秀康の嫡子忠直《ただなお》と縁約するのは慶長十四年のことだが、少なくとも忠直が当主となって以降、検討され始めたはずである。その時点ではまだ和子は生まれていない。したがって、家康が入内を視野に入れるようになったのは、和子が生まれてからではないかと思われる。

入内の内旨

慶長十六年に後水尾天皇が即位すると、翌年、六歳となった和子の入内話は一気に現実味を帯び、九月十九日、摂家衆が関白鷹司信尚《たかつかさのぶひさ》邸に集まり、和子入内について議している。これは和子の使用する装束《しょうぞく》や車、供奉《ぐぶ》について、幕府から問い合わせがあったためらしい。幕府側が準備に入ったことを裏付ける。そして、慶長十九年三月、朝廷は入内の内旨《ないし》を発し、伝奏《てんそう》の広橋兼勝《ひろはしかねかつ》・三条西実条《さんじょうにしさねえだ》らが駿府《すんぷ》に下向した。これを家康が受け、和子の入内は正式に決定する（『駿府記』）。しかし、入内そのものがすぐに実現したわけではない。

大坂の陣

同年七月、家康は方広寺《ほうこうじ》の鐘銘《しょうめい》問題を理由に、豊臣家が準備していた同寺の大仏開《かい》眼《げん》供養を直前で突然延期させた。そして十月、大坂冬の陣が勃発する。家康も七十三歳。豊臣家との関係にいよいよ決着をつけようとしたのである。入内は決定した以上、よほどのことがない限り、白紙に戻ることは考えられない。家康は心配していなかった。翌年五月、大坂夏の陣により大坂城が落城し、豊臣秀頼《ひでより》と淀《よど》殿は自害した。和子の姉である秀頼の正室千姫《せんひめ》は、落城直前に城から脱出した。秀頼母子の助命をもくろんだ豊臣方の判断と言われている。

入内年決定

元和《げんな》二年（一六一六）四月、大御所家康が没し、翌三年八月、後陽成上皇も没した。これにより、以後の対朝廷政策は、将軍秀忠の手に移り、相手は後水尾天皇となった。大坂の陣以来、頓挫していた和子の入内も、元和四年に入って再び動き始めた。同年六月二十一日、京都所司代《しょしだい》板倉勝重《いたくらかつしげ》が武家伝奏の広橋兼勝を訪ねた。入内を翌元和五年とすることにまとまったのはこの頃であろう。九月、幕府は、和子の住まいとなる女御《にょうご》御殿造営のために、小堀政一《こぼりまさかず》と五味豊直《ごみとよなお》を奉行《ぶぎょう》に任命した。当時、天皇は新内裏で生活していた。この新内裏は、慶長十六年、後水尾天皇の即位後にようやく造営準備が始まり、慶長十八年十一月十九日に上棟したものである。内裏にはすでに女御御殿が一棟あったことがわかっているので、今回これを取り壊してということになる。

賀茂宮誕生

しかし、同月、早くも入内が延期されるという噂が流れた（『時慶卿記《ときよしきょうき》』元和四年九月九日条）。あくまで「風説」なので根拠は示されていない。ただ、考えられる理由は天皇に第一皇子賀茂宮《かものみや》が誕生したことである。生母は四辻公遠《よつつじきんとお》の娘で、宮中に勤仕するおよつ。天皇もすでに二十三歳。皇子女がいても不思議ではなかった。しかしこの時期に皇子が誕生したというのは、いかにもタイミングが悪い。将軍側が態度を硬化させうる理由にはなるであろう。もっともこの年には、この件について幕府も朝廷もさほど表だった動きは見せておらず、表面上、入内の準備は予定通り進められているようであった。

女御御殿建設

元和五年、女御御殿および女御御里御殿の建設が本格化した。その規模は従来にないもので、旧後陽成院御所の半分を取り込むものであった。院御所内には、後水尾天皇の母、女御前子が住居していたが、元和五年三月十日、いったん近衛家の政所《まんどころ》（近衛前久後室宝樹院《ほうじゅいん》、前子の母）御殿に移った。前子の御殿（のちの女院《にょいん》御所）は、旧後陽成院御所を建て替えて造営され、十二月五日、前子は新殿に入る（『言緒卿記《ときおきょうき》』）。この間に、女御御殿・女御御里御殿の建設も始まった。

秀忠上洛

元和五年五月二十七日、将軍秀忠が伏見《ふしみ》城に到着した。当時、秀忠は入内問題以外に、もう一つ、大きな問題を抱えていた。安芸《あき》国広島藩主福島正則《ふくしままさのり》の処遇である。福島家が行った広島城の無断修築が武家諸法度《ぶけしょはっと》に抵触し、これをめぐって幕府と福島家との間に対立が生じていた。六月、秀忠は福島正則の改易《かいえき》を断行する。広島城明け渡しののちの七月二日、正則・正勝父子は信濃《しなの》国川中島《かわなかじま》へ移され、高井野《たかいの》村に蟄居《ちっきょ》した。七月十四日には関白二条《にじょう》昭実《あきざね》が没し、秀忠がようやく参内《さんだい》したのは、このの ち七月二十五日のことであった。『泰重卿《やすしげきょう》記《き》』には、天皇らに銀が進上されたことなどが記され、滞りなく終了した様子を伝えるが、水面下では両者の関係が徐々に深刻化していた。

梅宮誕生

実はこれより先の六月二十日、およつが皇女梅宮《うめのみや》を出産。京にいた秀忠の耳にも、およつ懐妊の情報が届いたのであろう、同月五日、和子入内に供する女房の衣裳調製を中止した。年内の入内はもはや不可能な状況になっていたのである。

この幕府と朝廷との間の周旋役を担ったのが藤堂高虎《とうどうたかとら》である。藤堂高虎は伊勢《いせ》国津《つ》藩主。外様《とざま》大名ながら、大坂夏の陣で徳川家康を救った功績で、元和三年には三十二万石余を領する大名となり、幕府の信頼も厚かった。

天皇の譲位発言

九月五日、天皇は、高虎に伝えることを目的とした書状を、弟近衛信尋《のぶひろ》に送った。内容は「入内が延期になることはだいたい聞いた。それは自分の行跡が将軍秀忠の心に添わないためと推量している。そうであるならば、入内が遅延することは公家・武家双方の面目を失わせるものとなる。ならば、自分には弟が数多いるので、誰でも即位させて、自分は落髪でもして逼塞《ひっそく》すればすむことであろう。年内の入内が延期されるのであるならば、右のように取り計らうよう藤堂高虎が肝煎《きもい》りすれば生涯忘れることはないと伝えるように」というものである（『宗国《そうこく》史《し》』所収）。

元和五年の入内をめぐる天皇と秀忠の攻防を窺わせる書状である。自分が譲位すれば和子の入内はなくなる。自分はそれでよいが、将軍はどうだと、天皇がぎりぎりの反撃をしているようにみえる。入内を希望したのは故家康の方ではないか、にもかかわらず、皇子女が生まれたからといって、入内を延期させるとはどういうことか、と天皇は言いたかったのであろう。入内は五年前に決定し、元和五年中に実施することも朝幕間で合意した以上、その延期を自分のせいにされることに我慢ならなかった。天皇としての体面を傷つけられたと言ってもよい。もともと天皇にとっては気に染まぬ縁組である。そのようなことに、どうして自分が振り回されなくてはならないのかという苛立ちもあっただろう。

公家衆の処罰

しかし、若い天皇より秀忠の方が一枚上手である。京を出立した九月十八日、六人の公家衆が処罰される。万里小路充房《までのこうじあつふさ》、四辻季継《すえつぐ》、高倉嗣良《たかくらつぐよし》、中御門宣衡《なかみかどのぶひら》、堀河康胤《ほりかわやすたね》、土《つち》御門《みかど》久脩《ひさなが》の六人である。表向きの理由は「内裏御法度《ごはっと》、ならびに諸公家行儀法式もってのほかの恣《ほしいまま》の事」などであった（「春日社司祐範記《かすがしゃしすけのりき》」）。万里小路充房は丹波《たんば》国篠山《ささやま》、四辻季継と高倉嗣良は豊後《ぶんご》に流され、残る三人は出仕停止となった。堀河康胤は当初流罪《るざい》の予定であったが、関白九条忠栄《くじょうただひで》の計らいで免れ、東九条に蟄居した。

流罪となった万里小路は天皇の祖母新上東門院《しんじょうとうもんいん》の弟、四辻と高倉はおよつの兄で、明らかに天皇の身近な公家衆を処分したのである。しかも万里小路は、すでに出家の身であった。今回の処分に関わったのが武家伝奏広橋兼勝で、土御門久脩の子泰重《やすしげ》は、その日記で広橋を罵倒している。また、天皇の、将軍秀忠と伝奏広橋に対する逆鱗の様子も伝える（『泰重卿記』元和五年九月二十六日条）。

天皇再び譲位発言

十月、天皇は、弟近衛信尋への書状の中で再び譲位を口にする（「京都御所東山御文庫記録」所収）。今度は本当に譲位を望む心境だったかもしれない。このことは藤堂高虎を通じて幕府に伝えられた。幕府からの返答、少なくとも感触は、藤堂高虎から近衛信尋を経て天皇に伝えられたであろう。こうして入内問題は、年内には決着せず、年を越した。一気に事態が動いたのは、元和六年二月の下旬であった。

藤堂高虎の周旋

幕府の意を受けて上洛した藤堂高虎は、情報収集を行った上で、摂家以下の公家衆を相手に強談判をしたという(『藤堂家記』)。二月二十六日、天皇の許へ公家衆が頻繁に出入りし、夕刻には、母前子と弟近衛信尋も天皇に呼ばれ、談合が行われた。そして二十七日、天皇は「将軍次第」と返答し、六月入内が決定された。和子は十四歳になっていた。ここに至るまでの経緯をどこまで知っていたであろうか。ただ見方を変えれば、入内決定からすでに六年の歳月が流れ、結果的に、和子は姉妹の中でもっとも長く両親の許で過ごすことができたのである。幼くして嫁いだ姉たちに比べれば、幸せな子供時代を送ったとも言える。

さて、先に処分された六人の公家衆は、和子の入内が無事に行われると、秀忠の大赦《たいしゃ》の奏請により全員赦免となった。万里小路充房は六月二十八日、四辻季継と高倉嗣良は七月二十一日にそれぞれ帰京した(「孝亮宿禰記《たかすけすくねき》」)。その後は元の官職に復している。彼らの赦免も、二月の交渉段階で提示されていたものだった。

二　和子入内

和子上洛

元和六年（一六二〇）五月四日、入内の差配をするため、土井利勝《どいとしかつ》と松平正綱《まさつな》が江戸を発った。四日後、酒井忠世《さかいただよ》・板倉重宗《しげむね》らを伴って、和子が江戸を発つ。御母儀代には、家康の側室だった阿茶局《あちゃのつぼね》がこれを勤め、同行した。五月二十八日、二条城に到着。この上洛の行列を見ようと近国からも人が集まったという。六月五日、入内の日時定が行われ、八日とされたが、和子が体調を崩して延期となり、改めて十八日に決定された。もっとも、五日の日時定は形式的なもので、三月には六月八日と定められていた（『大日本近世史料　細川家史料』八）。入内に先立つ六月二日、和子は従三位に叙せられた。同じ日、故後陽成上皇の女御《にょうご》で後水尾天皇の母前子が、准三宮宣下《じゅさんぐうせんげ》、続いて院号を得て中和門《ちゅうかもん》院《いん》となった（以後女院と称される）。新上東門院は同年二月十八日に没していた。

前子、女院となる

六月十二日、関白九条忠栄はじめ公卿らが二条城に集まり、入内の式法について相談した。和子が牛車《ぎっしゃ》を使用することはこれ以前に決められていた。そして、六月十八日、ついに入内の日を迎える。二条城から禁裏郁芳門《いくほうもん》までの警備は、京に近い譜代大名が命じられた。この入内に際して、外様大名は幕府の指示により課役をかけられなかった。

さて、入内の行列を一日見ようと、前日の夕方から人々が集まり、大変な人出になったという。そうしたなか、辰刻（午前八時）、まず御道具が二条城を出た。長櫃《ながびつ》百六十棹《さお》、四方行器《しほうほかい》十荷、御屏風箱《ごびょうぶばこ》二十双《そう》、御翠簾《おみす》箱一対《つい》、御几帳《ごきちょう》箱二荷、御櫛笥《みくしげ》箱一荷、御衣《ごい》桁《こう》箱三荷、御丸行器《おまるほかい》十荷、御小行器《おんしょうほかい》五荷、御膳行器《おものほかい》二荷、御便当《おべんとう》五荷、御葛籠《おつづら》十荷、御挟箱《おはさみばこ》一荷、御長櫃百棹、御琴箱《おことばこ》三、二十一代集箱一、御草紙《おぞうし》棚一、御黒棚、御厨《みず》子棚《しだな》一、御貝桶《おかいおけ》一荷、御匂唐櫃《おんにおいからびつ》一荷、御呉《おんご》服韓櫃《ふくからびつ》十荷、天皇の御装束《みしょうぞく》韓櫃・御呉服韓櫃に及ぶ。

阿茶局画像（上徳寺所蔵）

巳刻（午前十時）には、お迎えのために公家衆が二条城に参集し、午刻（十二時）、いよいよ行列の出発となる。まずは女房衆の輿《こし》で、長柄輿四十挺（上臈《じょうろう》以下の侍女が乗る）・長柄切《きり》輿《こし》三十五挺（中臈以下の侍女が乗る）、次に雑色《ぞうしき》（二行）、楽人《がくにん》四十五人（二行）、続いて前駈《ぜんく》の

東福門院入内図屛風（部分、三井記念美術館所蔵）

殿上人《てんじょうびと》三十七人が騎馬二行で進む。前後を少しあけて京都所司代板倉重宗が進み、武家随身《ずいじん》八人（二行）、武家諸大夫十六人が騎馬二行で続く。次に御随身衆十九人（歩行、二行）、判官衆《はんがんしゅう》五人（歩行、二行）、北面衆《ほくめんしゅう》十一人（歩行、二行）、御壷召次《おつぼのめしつぎ》六人（歩行、二行）となる。次が和子の乗った御車（牛二疋で引く）で、阿茶局と権中納言局が驂乗《さんじょう》した。続いて後騎の衆（二行）となる。これは大沢基宥《おおさわもとひろ》・酒井忠世・本多忠政《ほんだただまさ》・井伊直孝《いいなおたか》・本多俊次《としつぐ》・松平忠明《ただあきら》の六人である。次に女房衆十四人が乗る御供車《おともぐるま》六領となり、それから関白九条忠栄、左大臣近衛信尋、内大臣一条兼遐《いちじょうかねとう》（昭良《あきよし》）の乗る御輿が続く。そのあとを清華《せいが》以下の公卿十二人が騎馬で供奉し、さらに諸司

（歩行）、警衛の士、郎従《ろうじゅう》の雑人《ぞうにん》などが従った。この大行列は郁芳門から内裏へと進み、御車は新造の女御御殿に到着後、武家伝奏の広橋兼勝と三条西実条が御車寄に迎えて、御車を引き入れた。御供車の女房衆は、軒の下で車をおりて参入した。

天皇と対面

入内の際に着用したと伝えられる装束（萌黄地亀甲に菊花文様二陪織物唐衣・紅地雷文様二陪織物表着、霊鑑寺所蔵）

天皇との対面は亥刻というから、午後十時頃になる。和子から天皇に夏冬の装束ほか御衣百領と銀一万両が、女院には御衣五十と銀五百枚が進上され、惣女房衆には銀二百枚が渡された。天皇は、清涼殿《せいりょうでん》から常御殿に移り、御祝いの盃《さかずき》ごとを行ったのち、これらの品々を叡覧した。なお、天皇へ進上された銀子を一万両としているのは「台徳院《たいとくいん》殿御実紀《でんごじつき》」で、「女御和子御入内記」には明記されておらず、『泰重卿記』には、銀千枚とあり、「些《さ》少千万《しょうせんばん》、近比《ちかごろ》おかしき事也」と記されている。また、公家衆へのふるまいは、前年の将軍参内時の音信程度とし、上は銀五十枚、下は銀十枚で「あさましき次第」と非難した。

中和門院と対面

二十三日には、中和門院が女院御所から参内し、禁裏《きんり》で和子と対面した。また二十二日から二十四日にかけては、門跡《もんぜき》や摂家以下の公家衆が祝賀のために女御御殿に参上している。二十五日、幕府年寄の酒井忠世と土井利勝が参内して祝物を献上し、諸大名の進献も行われた。こうしてつつがなく入内の行事は終わった。

七　夕

入内から二十日ほどたった七月七日の七夕《たなばた》には、後水尾天皇と和子との間で次のような和歌のやりとりが行われた。

七夕のたえぬちきりを天の川、あふせうれしき風やたつらん（天皇の歌）
いつしかに我もたのまん秋ことの、七夕つめの中のちきりを（和子の返歌）
かハらすも天の川原の年をふる、七夕つめの契りからなん（天皇の歌）
いひ初しそのいにしへのいかなれハ、たえぬ契りの秋をまつらん（和子の返歌）
けふよりハ我もたのまん七夕の、あふせたえせぬ秋のちきりを（天皇の歌）

二人の婚姻は、きわめて政治的なもので、もちろん当人たちが望んだものではない。

しかも直前には一時、天皇が譲位を考えるほどの局面もあった。しかし、むしろそれだからこそ、若い二人は、いにしえからの変わらぬ七夕の契りに、自分たちの夫婦としての契りを重ねようとしていたのではあるまいか。

なお、寛永《かんえい》十年（一六三三）の写本である「女御和子御入内記」には、右の五首が記されているが、文中に「七首」とあり、さらに後年の写本「女御和子御入内之記」には天皇と和子との応返の和歌がもう一首ずつあって、合計七首記されており、寛永十年の写本は転写漏れではないかと思われる。

禁中生活

和子の禁中での生活の詳細はよくわからない。ただ、幕府を後ろ盾にしているだけに経済力はある。七月二十八・二十九日に禁裏で行われた和子主催の御能では、大夫《たゆう》父子に合計銀七十枚、その他の役者全てに帷子《かたびら》・単物《ひとえもの》を内々に下賜している。一方、和子の身辺は幕府から付けられた者たちによって固められていたため、禁裏の風習にはすぐに対応できないこともあったらしい。八月一日、土御門泰重が八朔《はっさく》の札を女御御殿に進上したおり、取り計らえる者がいなくて返され、泰重は江戸の風俗等を卑しんでいる。これは、当時の公家衆の江戸、江戸人に対する一般的な見方といってもよいであろう。

また、和子には、御附《おつけ》武士（女御附）弓気多昌吉《ゆけたまさよし》がいた。公家衆からみれば、武士の出入りする女御御殿は当初違和感があったかもしれない。しかしこれは、「江戸の女御」という特異な事情からやがて受け入れられていった。

では、入内当初の天皇と和子との仲は、実際どうだったのか。これも多くは伝わらない。元和七年二月一日、中和門院が天皇とともに女御御殿に出向いたことが記録にあり、二人の関係に気を配っていたのは、中和門院ではなかったかと考えられている。中和門院はしばしば禁裏《きんり》に出向いて逗留していた。天皇と秀忠との間に軋轢《あつれき》があっただけに、これが二人の関係に影を落とさぬよう配慮もしていたのであろう。

脇附祝

元和七年十二月十五日、十五歳となった和子の脇附（脇塞ぎ）の祝いが行われた。脇附とは、装束の脇を縫い綴じるもので、成人儀礼の一つである。この様子は江戸にいる和子の母お江与《えよ》にも伝えられた。その書状には、女御御殿で行われたこの儀式を、お忍びで天皇と中和門院が見物したこと、翌十六日、御所に和子が出向き、内侍所で、天皇と和子が水入らずで互いに御酒の酌をしあったこと、装束がよく似合って美しく、天皇が満足している様子などが認められている（「東福門院様《とうふくもんいん》御わき附御祝」）。これは、当時の二人の仲睦まじさを伝える貴重な史料でもある。元和八年六月十六日には、和子の鬢曽木《びんそぎ》の儀（成人したしるしとして、鬢先の毛を切る儀式）が、右大臣一条兼遐によって執り行われた。

公家衆、女御御殿拝観

元和九年五月二十三日未刻（午後二時頃）、天皇は女御御殿に行幸《ぎょうこう》した。和子の入内以来、初めて公家衆が供奉した。顔ぶれは、左大臣近衛信尋、右大臣一条兼遐、大納言中御門資胤、中納言の四辻季継、中御門宣衡《のぶひら》、阿野実顕《あのさねあき》、中院通村《なかのいんみちむら》、二位（非参議）の白《しら》川雅朝《かわまさとも》、中将の高倉嗣良（藪《やぶ》嗣良）、それに土御門泰重である。女御御殿では振舞いを受けたという。天皇は御酒を飲み、泰重を相手に囲碁を楽しんだ。給仕の児や殿上人にも同じように振舞いがあった。公家衆はこのとき初めて女御御殿を残らず拝観したが、殿舎の数と広大さに圧倒されたようである。和子が将軍の娘であることを改めて実感した。その後、和子にも対面し、夕暮れには再び御盃となり、公卿から殿上人まで通して大盃で数献下され、天皇は還御した（『泰重卿記』）。

入内から約三年、ようやく公家衆が和子の住まう女御御殿を拝観し、時を過ごせる環境になったということなのであろう。今回御供に加わった四辻季継と高倉嗣良は、およつの兄であり、秀忠によって一時流罪《るざい》にされた人物である。

三　女一宮の誕生

秀忠上洛

女御御殿拝観が行われた頃、将軍秀忠は上洛の途次であった。秀忠は、五月十二日に江戸を発ち、六月八日京に到着した。公家衆・大名衆が山科《やましな》で出迎えるなか、秀忠の一行は通過し、二条城に入った。大津《おおつ》から京まで軍勢が続き、その人数に公家衆はみな驚かされた（『資勝卿記《すけかつきょうき》』『泰重卿記』）。翌日、昵近《じっきん》の公家衆が二条城に出向き、六月十五日、摂家以下の公家衆、親王家（八条宮智仁《はちじょうのみやとしひと》親王と伏見宮貞清《ふしみのみやさだきよ》親王）、宮門跡《みやもんぜき》らがこぞって、二条城に赴いた。

秀忠参内

六月二十五日、秀忠が参内した。長橋《ながはし》の車寄《くるまよせ》から常御殿へ入るのが通例であった。三献が終わると、秀忠は御学問所を通って、女御御殿へ向かった。入内後初めての父娘対面である。天皇も清涼殿で諸大名からの礼をすませると、女御御殿に向かった。ここで天皇と和子、そしてその父秀忠の三人が初めて一堂に会した。秀忠はこのあと女院御所に出向き、中和門院にも挨拶している。この日の秀忠はすこぶる機嫌がよかったと伝えられる。当時、娘和子は最初の子を懐妊中で、秀忠の機嫌のよさの一因でもあったろう。三人の話題も、当然そのことだったはずである。和子も十七歳になっていた。

家光上洛

ところで、このときの秀忠からの献上品は、禁裏に綿千把・袷《あわせ》百・金子百枚・太刀《たち》（天下一腰《いちよう》の名物）、女院御所に銀子五百枚・綿三百把であった（『泰重卿記』）が、「義演准后日記」では、金子百枚ではなく、銀二千枚とあり、明確ではない。二十八日、昵近の公家衆らが再び二条城に赴き、秀忠に対面した。この日、秀忠から公家衆にも帷子や銀子が届けられた。七月六日、秀忠は一時京を離れて大坂に下り、十三日に再び上洛した。

一方、世子《せいし》の家光は、五月二十七日に江戸を出発する予定であったが、十八日病気のため延期された。六月初めにようやく回復。しかし、五月末に、六月七日江戸出発とされた予定はまたも遅延し、結局六月末になった。京に到着したのは七月十三日で、伏見城に入った（「孝亮宿禰記」）。もちろん、公家衆らは追分けまで迎えに出た。家光の御供の軍勢は譜代大名が主流で、秀忠の軍勢ほどの数ではなかったが、「綺麗な出立」で人々を驚かせたという（『泰重卿記』）。

七月十五日、家光は二条城にいる父秀忠の許へ挨拶に出向き、すぐに伏見城に引き返し、勅使《ちよくし》と対面した（「資勝卿記」）。この日、昵近の公家衆は、伏見城と二条城の両城に挨拶に出かけている。十六日、家光は伏見城で諸大名の礼を受け、十八日には、摂家以下の公家衆や門跡らの礼を受けた。

家光参内

七月二十三日、家光は施薬院《せやくいん》で装束を改め、参内した。まだ将軍世子という立場なので、秀忠に比べれば簡略なものだった。女御御殿にも出向いたという記録はない。禁裏への献上は白袷五十と銀子五百枚、女院御所へは銀子三百枚と綿百把であった（『泰重卿記』）。家光は参内後、二条城に向かい、そのあと伏見へ戻った。そして二十七日、伏見城で将軍宣《せん》下《げ》を受ける。

徳川家光画像（長谷寺所蔵）

家光御礼参内

八月六日、将軍宣下の御礼のため参内。家光は牛車に乗り、その行列は長大なものとなった。四足門の外で車を降りて門を入り、長橋の車寄から参殿し、長橋で少し時を過ごしたのち、内侍所へと進んだ。そこで天皇に拝謁《はいえつ》する。馬・太刀の献上とともに銀子千枚・綿千把を進上した。三献をすませたのち、家光は女御御殿へと向かった。その途中、内々の番所で、関白九条忠栄、左大臣近衛信尋、右大臣一条兼遐をはじめ摂家衆、八条宮智仁親王、伏見宮貞清親王と対面した。妹である和子とは、やはり入内後初めての対面となった。和子にしてみれば、兄家光の将軍宣下のための上洛のおかげで、父秀忠と兄家光に三年余ぶりに会えたということになる。その後、家光は長橋局で二献し、四足門外から車に乗って女院御所へ参り、中和門院とも対面した。終了後、二条城へ行き、秀忠の許で祝宴が開かれ、その日のうちに伏見城へ戻った。

禁裏御料一万石進献

将軍宣下、および参内を終えた家光は、八月十九日大坂へ下り、二十三日に伏見城へ戻った。そして閏《うるう》八月八日、二条城の秀忠に挨拶をしたあと京を発ち、同月二十四日江戸に到着した。一方、秀忠はまだ京に滞在し、同月十一日、禁裏御料一万石を進上した。それまでの御料（本御料）が一万石だったから、倍増したことになる。特に理由は明記されていない。嫡子家光の将軍就任、娘和子の第一子懐妊という絶妙の機会をとらえてのものであることは間違いないが、幕府にとっての意味については、今後なお検討が必要であろう。天皇はこの新御料が分散されないように希望するが、二十日、秀忠は、御料の内訳を宇治田原《うじたわら》・和束村《わづかむら》・多賀村《たかむら》三ヵ所で八千八百石余、白川村一色《しらかわむらいっしき》千石余、八瀬村八十石と定めた。

能の催し

閏八月十四日、清涼殿東庭で能が催された。これは和子の懐妊の祝儀として催されたもので、秀忠も参内した。ただし「女御様ヨリ御参内の由」「面向ニてハナシ」というから、通常の参内とは異なり、女御御殿にまず入り、そこからの内々の参内だったようである（『資勝卿記』）。天皇の御座は、摂家衆と秀忠の間に設けられた。門跡衆は参内せず、佐竹義宣《さたけよしのぶ》や伊達政宗《だてまさむね》ら五人ほどの大名と高家の大沢基宥・基重父子が御供として参内した（『泰重卿記』）。

御産の祈禱

閏八月二十一日、秀忠は京を出立し、江戸へ向かった。この日、義演は、和子懐妊に伴い、御産所《ごさんじょ》が金神北鬼門《こんじんきたきもん》に当たるということで祈禱《きとう》を行った。これは、和子付きの権中納言局から、関白を退いたばかりの九条忠栄を通じての依頼であった（『義演准后日記』）。

十月に入ると、御産平安の祈禱が行われ、同月四日には著帯《ちゃくたい》の祝いが行われた。禁中での御修法《みしほ》の日取りについても話し合われるようになり、同月九日、義演は日取りは叡慮次第としつつも、候補となった十六日・十八日・二十八日のうち、二十八日を「珍重」と返答した。そして十月二十八日夜から禁中で不動法《ふどうほう》が修せられた。もちろん勤めるのは義演である。天皇および宮門跡がこれを聴聞した。

女一宮（明正天皇）誕生

十一月一日、土御門久脩も女御御産の祈禱を命じられた。三日、久脩は御産所で宗源《そうげん》行事《ぎょうじ》一座を勤行《ごんぎょう》する。子の泰重と倉橋泰吉《くらはしやすよし》も、壇上に神供十二膳《じんくじゅうにぜん》等を備えるなどの布設のため、袴肩衣《はかまかたぎぬ》姿で御産所に出向いた（『泰重卿記』）。

十一月十九日卯の上刻（午前五時過ぎ）、和子は姫宮を出産した。この姫宮が女一宮、のちの明正《めいしょう》天皇である。知らせを聞いた公家衆は、おのおの女御御殿にお祝いに駆け付けた。日野《ひの》資勝《すけかつ》は朝食後、子の光慶《みつよし》と広橋総光《ふさみつ》・兼賢《かねかた》父子とともに出向いたという。女御御殿では、高家の大沢基宥と京都所司代の板倉重宗が、お祝いにやってくる公家衆の接待を行っていた（「資勝卿記」）。やはりここでも取り仕切っているのは、幕府方の人間である。この日、公家衆は女院御所にもお祝いに出向いた。

祝いの宴

翌日からは祝いの宴が催された。二十日は、将軍家昵近の公家衆が女御御殿に集められて、振舞いを受けた。二十二日は、公家衆全員に一献が下賜され、二十三日には、摂家衆と親王家に一献があった。「音曲乱舞」というから大宴会が繰り広げられたようである。また進物《しんもつ》も市が開けるほど届けられていた。これらの差配には、武家伝奏の三条西実条・中院通村と京都所司代板倉重宗があたっていた（「義演准后日記」）。

一方、女一宮誕生の報を受けた江戸では、高家《こうけ》の吉良義弥《きらよしみつ》を賀使として上洛させた。吉良は十一月晦日には参内している。女一宮誕生からわずか十一日後のことである。また、和子の次兄徳川忠長も、松平忠久を賀使として上洛させた。

女一宮、女院御所へ渡御

女一宮は順調に育ち、生後約一ヵ月の十二月二十一日には、祖母である中和門院の御所へ渡御《とぎょ》した。天皇は内々に女御御殿に赴き、御簾《みす》の中から出発を見送った。女一宮の行列は、まず阿茶局（神尾一位局《かみおいちいのつぼね》）、次いで女一宮の輿となるが、輿の前には公家の堀河康胤と橋本実村《はしもとさねむら》が付き、北面の士が左右に付いた。輿の後ろには、女御附の弓気多昌吉と大橋親勝《おおはしちかかつ》が従った。さらに板倉重大《しげもと》（板倉勝重の四男で六歳）、京都所司代の板倉重宗が供奉した。女房の輿は十四丁。武家伝奏の三条西と中院は、御輿が出発すると、行列には加わらず、先に女院御所に向かった。女院御所では小膳が設けられ、板倉ら武士四人は御台所東方で、岩倉具尭《いわくらともたか》の相伴《しょうばん》により食事をした。その後、関白近衛信尋と内大臣二条康道《やすみち》も合流し、板倉らと酒を酌み交わしている（「中院通村日記」）。

宮参り

生後百二十日にあたる翌寛永元年（一六二四）三月十九日には、御霊社《ごりょうしゃ》に宮参りした。行列の先頭は両伝奏、前駈は公家衆で、女一宮の乗る牛車の前後は随身・北面の士が固め、その後ろに御供の牛車二両が続き、その後ろを騎馬で大沢基宥、板倉重宗、弓気多昌吉、板倉重大が続いた。御霊社でも、女一宮は車から降りることはなく、宮参りをすませて還御した。還御後、女御御殿では公家衆らに振舞いがなされ、「乱舞種々遊興」が行われた（『泰重卿記』）。

貞子内親王婚姻

ところで、女一宮の生まれた元和九年は、天皇家、将軍家ともに慶事が続いた。女一宮誕生から五日後の十一月二十四日、後水尾天皇の同母妹貞子内親王と内大臣二条康道が祝言《しゅうげん》をあげている。貞子内親王は女御和子と同い年で十七歳、二条康道も同い年である。すでに述べたように、康道は和子の母お江与の孫で、和子にとっては母方の甥にあたる。媒酌は太閤《たいこう》鷹司信房《のぶふさ》夫妻であった。

天皇の猶子縁組

また、この年九月初め、八条宮智仁親王の嫡子若宮《わかみや》（五歳、のちの智忠《としただ》親王）を後水尾天皇の猶子《ゆうし》にする話が持ち上がっている。これは、智仁親王が、伏見宮家の家例にならって願い出たものであった。智仁親王は、天皇の母である中和門院にその仲介を頼んだ。中和門院から願いを聞いた天皇は、これを了承した。この話は女御和子にも伝えられたが、ここでの和子の発言内容は、史料によって微妙にニュアンスが異なる。

和子の発言

一つは、京都所司代板倉重宗の所存も聞くようにと発言したというもので、この指示に従い、十一月、武家伝奏を通じて板倉に尋ねたところ、板倉は大御所秀忠に談合しかるべしと答えたとする。もう一つは、和子自身が、猶子のことは大御所秀忠に談合なくてはいかがと発言したというものである（「竹園秘抄」）。つまり、所司代の判断にゆだねようとしたのか、自ら父秀忠に相談すべきとまで考えたのかが判然としない。ただ、後水尾天皇にとって初めての猶子縁組であり、和子が神経質になっていたことは間違いない。この和子の言動は、将軍家の威光を嵩《かさ》にきたものというよりは、幕府に事前の相談なく話を決めて、あとで問題になることを避けたかったのであろう。ようやく将軍家と天皇家との間に穏やかな空気が流れ始めた時期だっただけに、用心したということではなかろうか。入内から三年という歳月と、まもなく母となることで宮中での確かな居場所を見つけ、自分の役割も十分認識した上での発言だったと考えられる。

猶予勅許

この件は、翌年春、年頭の勅使として武家伝奏三条西実条と中院通村が江戸に下向した際に、秀忠に伝えられた。秀忠は「勅慮次第」と返答している。これを受けて、八条宮家では、七月、日程について中和門院に伺いを立て、同月二十七日と指図を受けた。二十七日、猶子縁組が勅許《ちょっきょ》され、若宮は御礼の参内をして、後水尾天皇と女御和子に対面し、天盃天酌《てんぱいてんしゃく》を受けた。二年後の寛永三年十二月四日、若宮は親王宣下を蒙り、名を智忠と定められた。この智忠親王は、寛永十九年、和子の姪にあたる富姫《ふうひめ》（前田利常《としつね》と珠姫《たまひめ》の娘）と婚姻する。

家光の正室

一方、将軍家では、元和九年、家光の正室が定まった。太閤鷹司信房の娘孝子である。この縁組は、お江与が中心となって人選し定まったようで、「江戸御台ヨリ御所望」とあり、まずはお江与の猶子とすることになった（「義演准后日記」元和九年八月十四日条）。人選に際して、当時の関白九条忠栄の内室である娘完子と連絡をとったかどうかは不明だが、可能性はあろう。完子にとって養母とも言うべき淀殿はすでに亡く、生家の豊臣家は滅びている。母お江与と交流をもっても遠慮する相手などいない状況にあった。

孝子は慶長七年（一六〇二）生まれで、家光より二歳年長である。秀忠と家光が上洛中の閏八月四日に京を発ち、江戸に向かった。江戸に下った孝子と対面したお江与は気に入ったようで、娘の和子にも「御意に入由」が伝えられた（「義演准后日記」）。孝子は、十二月二十日西丸に入輿した。正式な婚礼は寛永二年に執り行われた。

将軍御台所

幕府が、いつ頃から将軍の御台所を公家の娘に求めようと考えたのかはわからない。しかし、家康の子義直《よしなお》（尾張徳川家祖）が浅野幸長《あさのよしなが》の娘、頼宣《よりのぶ》（紀伊徳川家祖）が加藤清正《かとうきよまさ》の娘、秀忠の子忠長が織田信良《おだのぶよし》の娘というように、外様大名の娘と婚姻を結んでいるのとは明らかに異なる方向性を求めたことになる。和子の入内が実現したことで、将軍の「妻」についても明確な展望をもったのかもしれない。以後、歴代の将軍御台所は摂家か皇族の娘（養女を含む）に限られる。

ちなみに、この時期の摂家五家の系図をみると、実は鷹司信房の娘たちぐらいしか、家光に見合う女性がいない。逆に言えば、もし将軍の娘和子の入内話が起きていなければ、孝子は後水尾天皇の女御候補の一番手になっていたかもしれないのである。こう考えると、いかにも皮肉な巡り合わせであった。

四　中宮冊立

天皇・女御女院御所へ渡る

女一宮の宮参りから六日後の寛永元年（一六二四）三月二十五日、後水尾天皇は女院御所に朝覲行幸《ちょうきんぎょうこう》し、女御和子も同行した。朝覲行幸とは、一般に、天皇が上皇（太上天皇）や皇太后《こうたいごう》の御所に行幸する儀式をいう。ただ、今回の行幸が、当時、朝覲行幸と位置付けられていたのかどうかは、はっきりしていない。天皇の行幸に先だち、辰刻（午前八時頃）、和子が車で女院御所へ向かった。御供の車六両がそれに従う。また供奉するのは、三条西実条など昵近の公家衆と大沢基宥、板倉重宗、板倉重大である（「資勝卿記」）。その後、天皇が出立し、女院御所に到着したのは未上刻（午後一時頃）であった。二人はそのまま女院御所で二泊する。

翌二十六日には、舞御覧と和歌御会が行われ、夜は酒宴が催された。二十七日には楽人が集まって楽御会が行われ、その後二人は還御した。やはり和子の行列が先に女院御所を出発したが、禁裏四足御門の北（北大路）で車を止め、天皇の還御の行列を見物したという（「資勝卿記」『泰重卿記』）。つまり、禁裏に入る天皇を御門で迎え、見送ったということである。

中宮冊立

十一月二十八日、女御和子は中宮《ちゅうぐう》に冊立《さくりつ》され、禁裏で片節会《かたせちえ》ならびに小除日《こじもく》が行われた。上卿《しょうけい》（議事の首座）は右大臣一条兼遐（内弁《ないべん》も勤める）、外弁《げべん》（内弁の補助役）は中御門資胤、日野資勝、広橋総光、四辻季継、白川雅朝、広橋兼賢、柳原業光《やなぎわらなりみつ》、西洞院時直《にしのとういんときなお》が勤めた（「孝亮宿禰記」）。また、中宮冊立にともない中宮職《しき》が置かれ、武家伝奏三条西実条と中院通村は、それぞれ中宮大夫《だいぶ》と中宮権大夫を兼官した。その後、中宮御殿で饗応があり、献盃後、管絃楽《かんげんがく》が催された。

翌日には、高家の吉良義弥と大沢基宥が、立后《りっこう》賀使として秀忠・家光から派遣されて上洛し、天皇にそれぞれ銀千枚を進上した。十二月二日、中宮和子の拝礼が行われ、公卿・殿上人全てが召し出され、振舞いがあった（「義演准后日記」）。八日には、門跡衆が中宮御殿に呼ばれ、三献が行われた。

中宮冊立の動き

中宮冊立の動きは、入内まもない元和六年（一六二〇）八月から見える。八月十六日、後水尾天皇は、中院通村と土御門泰重に「立后次第」を選び出すよう命じた。これを受けて、二人は『西宮記《さいきゅうき》』や『吉記《きっき》』などから立后の箇所を写したりしている（『泰重卿記』）。南北朝以来、立后が中絶していたため、復興させるには儀式の調査が必要だったのである。そして、寛永元年四月、いよいよ中宮冊立が取りざたされ始める。二十四日、幕府年寄土井利勝・井上正就《いのうえまさなり》・永井尚政《ながいなおまさ》の連署奉書《れんしょほうしょ》が京都所司代板倉重宗に送られた。内容は、立后にともない、中宮の調度等が天皇の品より美麗結構にならないようにとの注意であった（『大猷院殿御実紀《たいゆういんでんごじっき》』）。井上と永井は大御所秀忠付の年寄であり、この指示が将軍家光ではなく、秀忠から出されたものであることは明らかである。

立后の祝賜物

十一月十八日、幕府は、立后の祝賜物のことで納戸頭《なんどがしら》筒井忠重《つついただしげ》を京へ派遣することにし、このおり、再び土井利勝・井上正就・永井尚政の連署奉書が所司代板倉重宗に送られた。そこには、大名衆の進物について、駿河《するが》（忠長）・尾張《おわり》（義直）・紀伊《きい》（頼宣）の三卿は銀子五十枚ずつ、その他の大名衆は分限に応じて進上することや、大名衆の使者に対してこれまでは服を下賜していたが、立后後は服の下賜は行わず、禁裏の作法にならうようにと認められている。さらに十九日付けの覚には、大御所秀忠から天皇へ銀子千枚、中和門院へ銀子五百枚、「各様」へ銀子五百枚を進上すること、和子から公家衆への遺物についてはすでに打ち合わせ済みであったが、もし不足する場合は、前年の将軍宣下の際に将軍家光が公家衆に遣わした銀子程度を遣わすこと、また、公家衆への遺物を増した場合、和子から天皇へは銀子五百枚、中和門院へは銀子三百枚を差し上げることなどが指示されている。この二通から、幕府が今回の贈答に綿・服は用いず、銀子に統一したことが窺われる（『東武実録《とうぶじつろく》』）。

中宮

中宮は、本来は皇后の居所の意味で、次第に皇后だけでなく、皇太后や太皇太后の居所、あるいはその人をも指すようになった。その後、天皇の嫡妻である皇后と同意に用いられ、皇后・中宮が並立した時期をへて、皇后そのものを指すようになった。

女御

女御は、令外《りょうげ》のきさきで、平安時代初期にはすでに見られるが、当初は高い地位ではなかった。人数の制限もなかったので、一人の天皇に数人の女御がいることもあった。その後、女御所生の皇子が天皇になると、生母である女御は皇太夫人《こうたいぶにん》、皇太后へと昇る例が増え、女御の地位も上がり始めた。そして、女御から皇后に冊立される道が開かれると、やがて、一人の天皇に二人以上の女御が並ぶことはなくなり、女御は皇后冊立前の予備的地位の性格をもつようになる。

その女御もまた、南北朝以来中絶し、天正十四年（一五八六）、近衛前久の娘前子が後陽成天皇の許へ入内して復活した。もちろん、このとき女御は、皇后（中宮）に準じる正妻の地位と認識されていた。ただ、前子はその後、皇后にはなっていない。理由は不明ながら、前子の養父豊臣秀吉と生家近衛家の不和にも一因があるのではないかと思われる。このため皇后復活は、次の後水尾天皇の代に持ち越されていた。

したがって、中宮冊立は、将軍家だけではなく、天皇家にとっても復活したいものであった。入内から四年半、女一宮誕生から一年、機は十分熟していた。この中宮冊立の復活を先例として、後水尾天皇の子の霊元《れいげん》天皇、孫の東山《ひがしやま》天皇の女御もまた中宮となる。ただ和子が将軍の娘であるという特異性は、さまざまな点で現れる。のちに幕府が定める中宮御所の規定もそうである。

中宮御所の規定

寛永三年十月五日、将軍家光の名のもとに出された法度は十五ヵ条からなる。基本的には中宮御所への人の出入りに関するものが多い。女房衆の出入りや、町人・職人、薬《くす》師《し》らの出入りなど、日常的には権大納言局（橋本氏）と右衛門佐《えもんのすけ》、中宮附の天野長信《あまのながのぶ》と大橋親勝が取り仕切るが、統括しているのは京都所司代板倉重宗で、中宮御所が幕府の支配下にあったことを裏付けている。また同日に出された中宮御所の女房定五ヵ条は、所司代の板倉重宗と幕府年寄の土井利勝・井上正就・永井尚政の連署によるものである。

中宮和子の懐妊

中宮冊立後、天皇・将軍両家が望んだのは、やはり皇子の誕生であった。寛永二年二月八日、中宮に仕える権大納言局が義演に書状を送った。中宮和子の懐妊がわかり、男宮であるようまじないをして、「返成《へんじょう》（返生）男子の封」を所望したのである。これを受けて、義演は、翌日から七日間の不動護摩《ふどうごま》を修し、御封を進上した（『義演准后日記』）。八月、土御門泰重は、十五日に権大納言局を通じて、二十日には中和門院から御産所の祈禱を命じられた。

女二宮誕生

九月十三日辰刻（午前八時）、誕生したのはまたしても姫宮だった（女二宮）。義演の胸中はかなり複雑で、「御機嫌あしき風説」と日記に認めている（『義演准后日記』寛永二年九月十五日条）。十五日、三夜の儀が、十九日には七夜の儀が中宮御所で行われた。七夜の儀には、関白近衛信尋も出席している。二十一日、中宮御所で御囃子《おはやし》が催され、公家衆全員が呼ばれて振舞いがあった。

宮参り

十月十五日、産後の忌み明けで、中宮和子は女二宮とともに参内し、女中衆に祝儀が下賜され（『御湯殿《おゆどの》の上《うえ》の日記』）、十九日には、女二宮が祖母の女院御所に初めて渡った。そして、二十九日、天皇と中和門院が中宮御所に渡った。生後百二十日にあたる寛永三年一月十三日には、女一宮同様、女二宮もまた御霊社に宮参りをした。行列なども基本的には女一宮と同じであった。

後水尾天皇の第一皇子賀茂宮は、元和八年十月二日に五歳で夭折《ようせつ》していて、当時天皇に皇子はいない。和子にとっては二人目の出産で、本人も周囲も皇子を望んでいたことは間違いなく、義演への要請からもそれは裏付けられる。皇子出産は、和子に背負わされた重い役目の一つであった。

五　二条城行啓

秀忠・家光の上洛

寛永三年（一六二六）、秀忠と家光が再び上洛する。秀忠は大御所となった今回も、元和九年（一六二三）同様、家光に先んじて五月二十八日江戸を発ち、六月二十日に二条城に入った。家光は、七月十二日に江戸を発ち、八月二日京に到着し、二条城の秀忠に挨拶したのち、新しく建てられた淀《よど》城（前年に伏見城の殿閣《でんかく》を移した）に入った。

秀忠の軍勢は、秀忠の周辺を譜代大名と旗本で固めつつも、先陣には、一番が伊達政宗・忠宗《ただむね》父子、二番が佐竹義宣《さたけよしのぶ》、三番が上杉定勝《うえすぎさだかつ》、四番が南部利直《なんぶとしなお》・重直《しげなお》父子といった東国の大大名で構成され、後陣には牧野忠成《まきのただなり》、堀直寄《ほりなおより》、溝口宣勝《みぞぐちのぶかつ》・善勝《よしかつ》が置かれた。一方の家光は、先陣が蒲生忠郷《がもうたださと》、水戸《みと》（徳川）頼房《よりふさ》らで、後陣は酒井忠勝《ただかつ》、安藤重長、徳川忠長《ただなが》が配され、基本的には一門と譜代大名で構成された。人数も秀忠の軍勢の半分以下だったという。

二条城二ノ丸御殿

二条城行幸の準備

今回の上洛は、後水尾天皇の二条城行幸を実現させるためであった。この構想は、将軍職を家光に譲った元和九年段階にはあったとみられる。豊臣秀吉・秀次がそれぞれ関白であった天正十六年（一五八八）と天正二十年（文禄元）に、後陽成天皇の聚《じゅ》楽第《らくてい》行幸が行われたという先例があり、秀忠としては時期を計っていたのであろう。寛永元年二月、「明後年又、両御所御上洛ありて、二条城へ主上《しゅじょう》行幸の御あらましあれば、城中殿閣構造あるべし、こと更《さら》玉座は金銀の具を用ゆべし」として、中川《なかがわ》忠勝《ただかつ》ら四人に奉行を、尾張の徳川義直、紀伊の徳川頼宣、松平定勝ら一九人の大名に課役を命じた

（「大猷院殿御実紀」）。このときすでに、玉座（天皇の御座）のイメージもできていた。その後、小堀政一の指揮のもと、御殿や庭園の装いも一新され、殿舎の増改築も進められていった。

寛永三年六月二十日、武家伝奏と昵近の公家衆は、いつものように山科で秀忠を出迎えた。二十三日、勅使として武家伝奏の三条西実条と中院通村、女院の使として岩倉具尭が二条城に派遣された。七月四日、秀忠は金地院崇伝《こんちいんすうでん》を召し、行幸の日時の勘考《かんこう》を命じ、五日、再び崇伝を召すと、幕府年寄の土井利勝らを通じて、武家伝奏と行幸の儀注《ぎちゅう》の勘考を協議するよう命じた（『本光国師日記《ほんこうこくしにっき》』）。

秀忠参内

七月十二日巳刻（午前十時）、秀忠参内。常御殿で御礼の三献が行われ、尾張（徳川）義直と紀伊（徳川）頼宣にも一献があった。秀忠が中宮御所に向かうと、天皇は清涼殿《せいりょうでん》で四品以上の諸大名の御礼を受け、その後中宮御所へ行幸し、天皇、中宮和子、大御所秀忠が三年ぶりに顔を合わせた。二十歳になり、二人の皇女の母となった娘和子を、秀忠はどのような感慨をもって見たのであろう。土御門泰重は「一段君臣天気又御機嫌よく珍重也」と日記に記しており、なごやかに参内の儀は終了した。この参内で、秀忠は天皇に銀子五百枚、綿千把、中宮和子に銀子三百枚、綿五百把を献上した。

翌十三日、二条城に武家伝奏の三条西と中院が登城し、崇伝らと参会した。ここで、幕府年寄の土井利勝、井上正就、永井尚政、京都所司代の板倉重宗とともに、行幸の礼式の相談が行われることになる。翌十四日には所司代邸に集まっての相談となり、儒者の林信澄《はやしのぶずみ》もこれに加わった。相談の様子は、十五日、崇伝が二条城に登城して秀忠に報告した。さらに十六日、所司代邸で相談が行われ、十七日、伝奏と幕府年寄らも二条城に集まり、秀忠に報告し、行幸について話し合っている（『本光国師日記』）。大筋はこのとき定まった。こののち秀忠は、二十五日に大坂に向かい、二十九日に二条城に戻った。

家光上洛

八月二日、将軍家光が上洛すると、七日には勅使が淀城に派遣され、摂家以下の公家衆や親王家、門跡らも淀城に出向いた。九日、行幸の際の饗応使《きょうおうし》が発表された。天皇は井伊直孝と板倉重宗、中宮および女房は酒井忠世、女院および女房は土井利勝、姫宮および女房は松平正綱《まさつな》、禁裏の女房は伊丹康勝《いたみやすかつ》、摂家は本多忠政、親王は小笠原忠真《おがさわらただざね》、門跡は松平忠明と松平定行という配置で、以下公卿や地下《じげ》等の饗応使も定められた。

家光参内

八月十八日、家光が上洛の挨拶に参内し、銀子千枚、綿千把を献上した。この参内には弟の徳川忠長、叔父の水戸（徳川）頼房が同行した。家光らは天皇への対面を終えると、中宮御所へ向かい、和子とも対面、のちに天皇も行幸し、中宮御所で振舞いがあった。その後、家光らは女院御所へも出向き、中和門院に対面した。

今回の参内で、家光には朝廷から従一位右大臣への昇進が伝えられた。二条城の秀忠の許にも、勅使として阿野実顕と園基音《そのもとおと》が派遣され、太政《だじょう》大臣への昇官が伝えられたが、秀忠がこれを固辞し、翌日左大臣任官を承諾した（『泰重卿記』）。十九日には、徳川忠長以下大名らもそれぞれ昇進した。

九月五日、行幸前夜のため大殿祭が催され、祭主は藤波友忠《ふじなみともただ》が勤めた。この日、五月十二日に没した弓気多昌吉の後任として、納戸番頭《なんどばんがしら》だった天野長信が中宮附に任命されて千石を加増されている。

そして九月六日、後水尾天皇の行幸当日を迎える。夜半の雨も上がり、天気は良好であった。天皇の行幸に先立ち、中宮の和子や女院（中和門院）の前子、女一宮・女二宮、およびそれぞれの女房衆たちが行列をなして二条城に入った。女房衆は、中宮の行列より前に二条城に到着する。

中宮行啓

中宮行啓《ぎょうけい》の先駆は二行で、左に水野忠直《ただなお》、松平勝政《かつまさ》、三宅康信《みやけやすのぶ》、神尾守世《かみおもりよ》、戸田忠《とだただ》能《よし》、久貝正俊《くがいまさとし》、板倉重昌《しげまさ》、高力忠房《こうりきただふさ》、松平成重《なりしげ》、酒井忠行《ただゆき》、右に松平定房《さだふさ》、松平勝隆《かつたか》、安部信盛《あべのぶもり》、皆川隆庸《みながわたかつね》、丹羽氏信《にわうじのぶ》、秋元泰朝《あきもとやすとも》、青山幸成《あおやまよしなり》、保科正光《ほしなまさみつ》、松平清昌《きよまさ》、松平家信《いえのぶ》

御物　行幸図（寛永、宮内庁所蔵）

と二十人の譜代大名が勤めた。次に典薬頭の今大路親昌《いまおおじちかまさ》、非蔵人《ひくろうど》六人、次に土御門泰重や久我通前など殿上人十六人が二行で続き、次いで公卿が一行で続く。柳原業光、中院通村、日野光慶、広橋総光、烏丸光広《からすまるみつひろ》、日野資勝、三条西実条である。そして内大臣の二条康道が続いた。中宮の牛車の前は左に飛鳥井雅胤《あすかいまさたね》、右に冷泉為頼《れいぜいためより》が付き、後ろには中宮附の天野長信と大橋親勝ら五人が付く。その後ろに続く随身六人は柳生宗矩《やぎゅうむねのり》ら旗本《はたもと》であった。二条城に到着すると、四足門《しそくもん》の外で牛をはずし、人の手で車を引き、今回のために新造された行宮《あんぐう》の御車寄まで運ぶ。そこで先着していた女房衆らの出迎えを受け、城の奥へと進んだ。車寄には屛風や几帳《きちょう》をめぐらしていたというから、和子の姿は外からはほとんど見えない。

女院御幸

次は中和門院の御幸である。非蔵人六人に続いて、岩倉具尭や唐橋在村《からはしありむら》など殿上人十八人が二行で進み、次が公卿で高倉永慶《ながよし》、水無瀬氏成、花山院定好、阿野実顕、四辻季継である。そして右大将の九条忠象（道房）が続き、さらに右大臣一条兼遐で、そのあとに中和門院の牛車となる。後騎は西園寺公益らであった。

姫宮渡御

次が姫宮の渡御である。非蔵人六人、殿上人十四人、公卿の西園寺実晴、清閑寺共房《せいかんじともふさ》、左大将鷹司教平《のりひら》と続き、牛車となる。そのあとは、出車六両が続くが、これは二両が中宮の女房十五人、二両が女院の女房八人、二両が禁裏の女房八人であった。最後に下北面十三人が従う。

こうして中宮、女院、姫宮が二条城へ入ると、いよいよ天皇の行幸となるが、実はその前に、将軍家光が諸大名を引き連れて、天皇を迎えるために参内する。これはかつて後陽成天皇の聚楽第行幸の際に、豊臣秀吉が禁裏に出向いた先例にならったものであった。また、中宮らに供奉した公家衆も、天皇行幸の供奉のため内裏に戻った。

家光の行列

家光の行列は、所司代板倉重宗を先頭に、従五位下諸大夫の武家、幕府年寄の土井利勝、酒井忠世と続き、その後が旗本たちの固めた家光の牛車となる。牛車に続くのは徳川義直・徳川頼宣・徳川忠長（以上大納言）、徳川頼房・伊達政宗・前田利常・島津家久《しまづいえひさ》（以上中納言）、松平忠昌・池田忠雄《ただお》・蒲生忠郷《がもうたださと》（以上宰相）、以下侍従・四品以上の大名である。江戸の留守を守るために残された者以外のほとんどの大名が、京に集められ、この行列に加わった。

禁裏に到着した家光は、西の四足門の北で車から降りた。関白以下の公卿も庭上に下りて迎接する。家光は一礼後、清涼殿の南階《なんかい》を上り、南東の縁を過ぎて常御殿で天皇と対面した。家光は行幸の御礼を述べ、二献の御祝い後に退出する。そして再び二条城に戻り、秀忠とともに天皇の行幸を迎えるという形がとられた。

天皇行幸

これでようやく天皇の行幸の時を迎える。こちらもまた、楽人を先頭に、関白以下の公家衆・地下衆を従えての一大行列である。行幸の順路は、禁裏の西の宜秋門を出て東洞院通りを北に曲がり、正親町《おおぎまち》通り（中立売《なかたちうり》通り）を西進、堀川通りを右に折れて二条城に向かうというものだった。天皇の乗る鳳輦《ほうれん》が二条城に近づくと、秀忠・家光は中門まで出て鳳輦が入城するのを迎えた。天皇は入城後、しばしの休息をとったあと、初日の儀式、晴れの御膳に臨んだ。

直衣《のうし》に着替えた天皇は、玉座の茵《しとね》に着し、秀忠・家光は長押《なげし》内に設けられた円座《えんざ》に着座した。関白近衛信尋、右大臣一条兼遐、内大臣二条康道、大納言の日野資勝・西園寺公益・今出川宣季、左大将鷹司教平、右大将九条忠象は、南簀子《すのこ》に円座が設けられて一列に座した。

内々の宴

内々の御宴には、中宮和子らも出席して行われた。盃は天皇、女院、中宮の前に一つずつ用意され、初献は天皇の盃が大御所秀忠へ、女院の盃が将軍家光へ、中宮の盃が秀忠へと渡される。二献は天皇の盃を家光へ、女院の盃を秀忠へ、中宮の盃を家光へと渡し、三献は初献と同じになる。天皇の御膳具はみな黄金で作られ、女院・中宮・姫宮方の御膳具は金銀取りまぜて作られていた。その他の調度品も金銀で調製されており、行幸計画の早い段階から、この黄金の演出が考えられ、小堀政一が奉行して作進した。なお、姫宮の二人はまだ幼く、夜も更けていたため出御はしていない。

二日目の七日は舞御覧、三日目の八日は和歌御会ならびに管絃の御遊、四日目の九日は能（猿楽《さるがく》）がそれぞれ催された。また、七日には将軍家光から、八日には大御所秀忠から、天皇以下に進物が贈られた。

家光の進物

家光から天皇へは白銀三万両、御服二百領、沈木《ちんぼく》一本、襴絹《らんけん》百巻、紅糸《べにいと》二百斤、玳瑁《たいまい》三十枚、麝香《じゃこう》五斤、中宮へは白銀一万両、御服五十領、沈香七十五斤、紅糸百斤、緋華糸絹五十巻、白綾子五十巻、麝香二斤、女院へは中宮と同じ、女一宮へは白銀三千両、御服三十領、金襴《きんらん》十巻、黄金五百片・白銀五百片（雛《ひな》の玩具）、女二宮へは白銀二千両、御服二十領、金襴十巻、黄金五百片・白銀五百片（雛の玩具）が贈られた。

秀忠の進物

秀忠から天皇へは御服百領、黄金二千両、緋綾子百巻、伽羅《きゃら》十斤、麝香五斤、蜜六十斤、中宮へは白銀一万両、御服三十領、沈木七十五斤、伽羅五斤、花糸絹五十巻、女院へは中宮と同じ、女一宮へは白銀三千両、御服二十領、雛の御道具、傀儡の御翫、女二宮へは白銀二千両、御服二十領、雛の御道具、傀儡の御翫であった。そのほか、親王家や門跡、摂家以下の公家衆、地下衆、女房衆に至るまで白銀・綿衣などが配られた。行幸で用いられた調度品もすべて、天皇以下に贈られたといい、幕府がこの行幸にかけた費用は莫大なものである。

天皇・中宮還幸

最終日の十日は巳刻（午前十時）、中和門院が一足先に還幸した。天皇、中宮は午後、秀忠、家光、忠長と勧盃したのち、還幸した。その行列は基本的には行幸時と同じであったが、中宮和子には、徳川義直、徳川頼宣、前田利常、島津家久、池田忠雄の五人が、姫宮二人には、徳川忠長、徳川頼房、伊達政宗、松平忠昌、蒲生忠郷の五人が添えられた。

天皇が禁中を出るのは、以後火災など非常時を除くと幕末まで行われない。また、将軍の上洛も、これ以後、寛永十一年の家光の上洛を最後に幕末まで行われない。そういった意味でも、この行幸のもつ意義は大きい。ほとんどの大名を上洛させ、天皇を迎える行列に従わせたことは、将軍家への臣従をより明確な形として人々に見せつけた。幕府の権力と繁栄を誇示する一大イベントだったといえよう。しかし、その一方で、二条城での天皇と将軍の座配をはじめとする公武首脳の座配は、当時の身分的序列を考える上で貴重な例示でもある。

秀忠・家光参内

さて、行幸終了後の十二日、秀忠は太政大臣に、家光は左大臣に任じられ、今回は秀忠も辞退せず、翌十三日、二人は御礼に参内した。その後、家光は二十五日に京を発ち、十月九日に江戸へ戻った。一方の秀忠は、先に記した中宮御所法度を出した翌日の十月六日に京を発つ。

お江与死去

実は行幸終了直後の九月十一日、江戸からお江与危篤《きとく》の報が、秀忠らに届いていた。次男忠長は、その日のうちに江戸に向かい、家光は稲葉正勝《いなばまさかつ》を遣わした。家光自身も十九日に京を発とうとしたが、前日の夜半、お江与が十五日に死去したとの知らせが入り、十九日の出立は延期された。懐妊中だった和子に、いつどのような形で報告されたのかは伝えられていない。お江与の葬礼は十月十八日に行われ、十一月二十八日には、朝廷から従一位が贈られた。

第三　中宮から女院へ

一　高仁親王の誕生とその死

中宮和子《ちゅうぐうまさこ》は、二条《にじょう》城に行啓《ぎょうけい》したとき、三人目の子を懐妊中であった。十月七日には吉田家に中宮御産の祈禱が命じられ、禁裏《きんり》では、十六日から七日間、曼殊院宮良恕法親王《まんしゅいんのみやりょうじょほっしんのう》（後水尾《ごみずのお》天皇の叔父）を導師として護摩《ごま》が行われるなど、出産に向けた準備が進められた。

高仁親王誕生

そして、十一月十三日朝、和子は待望の皇子を出産した。武家伝奏中院通村《ぶけてんそうなかのいんみちむら》は、中宮に仕える新大納言局（久我《こが》氏）から、急ぎ参るよう連絡を受けてあわてて出向いたこと、所司代板倉重宗《しょしだいいたくらしげむね》も単騎で馳せ参じたこと、後水尾《ごみずのお》天皇が「御悦の躰」であったこと、そして、関白近衛信尋《このえのぶひろ》らが祝い酒で沈酔した様子などを、その日記に記している。午後には、関白が皇子の耳元で祝詞《のりと》を誦《とな》え、枕元に銭（九十九文）が置かれた。夕方には、吉日を理由に、皇子の枕元に剣を献じる儀も行われている。この後も、三夜（十五日）・五夜（十七日）・七夜（十九日）・九夜（二十一日）の儀が行われ、祝賀ムードが続いた。そして、十一月二十五日、皇子は儲君《ちよくん》に定められ、誕生からわずか十二日という異例の早さで親王宣下《せんげ》を蒙り、高仁《すけひと》と命名され、二品に叙せられた。和子にとっても、入内《じゆだい》の目的を一つ果たせたという安堵と喜びの一日だったであろう。

秀忠の喜び

一方、幕府も皇子降誕の報を受け、高家大沢基宥《おおさわもとひろ》と吉良義弥《きらよしみつ》を賀使《がし》として京へ派遣した。とりわけ、大御所《おおごしよ》秀忠《ひでただ》の喜びは大きく、宝刀「鬼切《おにきり》」を皇子に贈った。この「鬼切」について、中院通村は「大原実守平鞘」であること、「名誉の物」で「人の筒二ツ重テ切」っても障りがないと言われるほどのものであると日記に記している。娘和子の入内から六年、秀忠にとって待ちに待った日がやってきた。

寛永《かんえい》四年（一六二七）四月、年頭慶賀の勅使《ちよくし》下向に際し、後水尾天皇は高仁親王への譲位についての意向を幕府に伝えた。勅使を勤めるのは、武家伝奏三条西実条《さんじようにしさねえだ》と中院通村である。天皇の意向とは、高仁親王が四歳になったら即位をさせたいというもので、幕府は四月二十八日、勅使に対して正式に承諾の返事を行った（『本光国師日記《ほんこうこくしにつき》』寛永四年四月二十六日条）。高仁親王四歳の時とは寛永六年を指し、ここに、二年後の後水尾天皇の譲位が、朝廷・幕府間で合意に達したということになる。もちろん、次期天皇が高仁親王であることを前提とする「合意」であった。

仙洞御所造営の準備

幕府はこの合意を受けて、早速、譲位後の後水尾天皇の住居となる仙洞御所《せんとうごしょ》と中宮和子が住まう女院御所《にょいんごしょ》の造営の準備に入った。五月には、土佐《とさ》国高知藩山内《やまうち》家に仙洞御所の作事用の材木を献上するよう、幕府からの内命があったというから、合意後すぐに、幕府は準備に入ったことになる（笠谷和比古「高仁親王即位問題と紫衣事件」『日本国家の史的特質』近世・近代所収）。

十一月、江戸では、伏見奉行《ふしみぶぎょう》小堀政一《こぼりまさかず》が仙洞御所の造営奉行に任命され、京では、地曳《じびき》・釿始《ちょうなはじめ》の日時勘文《かんもん》が行われた。その後、十二月には仙洞御所の指図《さしず》が、翌年一月には中宮御所（のちの女院御所）の指図が決定され、二月二十七日、両御所の立柱《りっちゅう》が行われた。幕府は、寛永六年の譲位・即位にそなえて、寛永五年中の完成をめざしていた。

高仁親王重病

ところが、寛永五年三月、高仁親王が病に陥った。同親王は前年の七月にも病気になり、内侍所《ないしどころ》で神楽《かぐら》が行われ、神龍院梵舜《じんりゅういんぼんしゅん》が三日間祈禱を行ったりもしたが、このときはほどなく快癒した。しかし、今回は重病だった。梵舜によると、腫物《はれもの》を煩ったようで、三月十五日、祈禱を命じられ、七日間の護摩を行った。四月二十六日には、祖母中和《ちゅうか》門院《もんいん》も見舞った。このころには針治療も受けている。病名は不明だが、「資勝卿記《すけかつきょうき》」には「虫気」を発したとあり、病巣は腹部にあったらしい。

高仁親王死去

五月三日、平野社《ひらのしゃ》で平癒祈願の千度祓《ばら》いが行われ、二十一日には内侍所で神楽が催された。内侍所神楽は、その後、六月三日から三晩続けて行われており、このころになると厳しい病状だったと思われる。そして、六月十日夜から危篤状態となり、十一日午後、わずか三歳、今の数え方でいえば一歳半という幼さでこの世を去った。初めて我が子を失った母和子の悲嘆はいかばかりであったであろうか。もちろん、父後水尾天皇の悲嘆も大きい。高仁親王没後、天皇は表に出御《しゅつぎょ》せず、五日後の十六日、学問所に初めて出御し、関白であり弟でもある近衛信尋と対面したが、その様子は、信尋が日記に「竜顔を拝し、涙を催すものなり」と記すほどであった（『本源自性院記《ほんげんじしょういんき》』）。

秀忠の衝撃

一方、幕府へは急使が送られ、この報は、死去から三日後の十四日に届いた。徳川家の血を引く天皇がまもなく誕生しようという矢先のことだけに、秀忠らにもたらした衝撃もまた大きかった。「哀惜、斜めならず」という弔意は、秀忠の本心であったろう（『東武実録《とうぶじつろく》』寛永五年六月十六日条）。六月二十三日、幕府は、高家の吉良義弥と大沢基宥を弔《ちょう》問使《もんし》として京へ派遣した。

また、秀忠は、この高仁親王の死によって、翌年に予定されていた後水尾天皇の譲位を見直す必要にせまられることになる。後水尾天皇にしても、皇位を誰に譲るのかを根底から考え直さなくてはならなくなった。その意味でも、高仁親王の死は、両者の今後に多大な影響を与えるものとなった。

二 後水尾天皇の譲位

高仁親王が死去するまでの数年間、幕府と朝廷、つまり、秀忠・家光と後水尾天皇の関係は安定していた。しかし、同親王の死は、その関係の悪化を暗示する象徴的な出来事となった。奇しくもこの時期、のちにいう紫衣《しえ》事件が表面化した。和子の苦悩も始まる。

紫衣事件

事の起こりは、前年に発布された諸宗寺院を対象とする五ヵ条の法令であった。これが寺院に大きな波紋を呼び、とりわけ大徳寺《だいとくじ》・妙心寺《みょうしんじ》の反発は強かった。そして寛永五年（一六二八）春、大徳寺の沢庵《たくあん》ら三長老による幕府への抗弁書の提出へとつながったのである。高仁親王の病発症はその少し後のことになる。五月末、妙心寺の長老伯蒲《はくほ》が金《こん》地院崇伝《ちいんすうでん》を頼って江戸に下向した。大御所秀忠に伯蒲の考えが伝えられたのは七月十二日で、事態収拾のための相談に時間を要したにしてもやはり遅い。この間の高仁親王の死が停滞の原因ではなかろうか。その後、伯蒲は、七月二十八日・八月一日の両日、秀忠と家光に対面した。こうして、幕府による妙心寺と大徳寺の分断化はさらに進んでいった。

五ヵ条の法令を発布した当初、幕府に朝廷を威圧する意図はなかったと思われる。しかしその後の展開は、幕府の想定を超えたものとなった。そのため寺院の請求を受けて、紫衣等を勅許していた朝廷、つまり後水尾天皇の心中にも影響を及ぼすこととなる。

天皇、譲位の内意

寛永五年七月頃、天皇は中宮和子を介して、秀忠・家光に女一宮への譲位（時期は十月）の内意を伝えた。このとき、四人目の子を懐妊中であった和子が、夫後水尾天皇の意思をどう受け止めたのかは確認できないが、夫の意に従って、父と兄にその意思を伝えた。これに対して、大御所秀忠は、八月二日、和子付きの女房である権大納言局に宛てて「いまたおそからぬ御事」（時期尚早）と述べて、譲位を止めた（『東武実録』）。もちろん、将軍家光も同じである。

高仁親王の死、こじれていく紫衣事件。後水尾天皇に和子所生の皇子誕生を待つ意思は薄れていった。ただ、この段階での譲位発言は、幕府を牽制する意味もあったのであろう。秀忠としては、異例の女帝誕生は、孫娘であるだけになおさら避けたいことであり、なにより紫衣事件が解決していない状況下での皇位の継承は、のちに禍根を残しかねないと考えていた。

このように幕府と朝廷とが微妙な状態にある中で、和子の出産は近づいた。八月六日著帯《ちゃくたい》のお祝いが行われ、十六日からは、天皇の兄である仁和寺宮覚深法親王《にんなじのみやかくじん》による御産の祈禱が行われた。そして九月二十七日、和子は出産する。皇子であった。ただちに、幕府にその報が送られ、十月一日江戸に届いた。その後の幕府の動きは、幕府年寄土井《どい》利勝《としかつ》と酒井忠世《さかいただよ》から、武家伝奏で中宮大夫《だいぶ》等を勤める三条西実条と中院通村に宛てた十月十日付け連署奉書《れんしょほうしょ》で窺える。これによれば、近日中に祝儀《しゅうぎ》の使者として自分たちが上洛《じょうらく》することに決まったとある（「江戸幕府朱黒印内書留」、藤井讓治「八月二日付徳川秀忠仮名消息をめぐって」『史料が語る日本の近世』所収）。しかし、この動きは、明らかに高仁親王誕生の時とは異なっている。本丸・西丸の筆頭年寄が京へ派遣されるというのは、たんなる祝儀の使者ではなかったと考えるのが自然であろう。

朝廷内の空気もまた、高仁親王誕生の時とは違っていた。とりわけ、天皇はこの時期

若宮、智仁親王の養子分となる

の皇子誕生に複雑な思いを感じていたのではなかろうか。そして、皇子は、十月一日、八条宮智仁親王《はちじょうのみやとしひと》の養子分とされる。

このことについては、野村玄氏の論考（「明正天皇論―即位・在位・譲位の背景―」『京都産業大学論集』二九号所収）で検証されているが、謎がすべて解明されているわけではない。まず、いつ、どのような経緯で智仁親王の養子分とすることに決まったのかという点である。幕府（秀忠）と朝廷の合意事項ならば、日程からみて皇子が誕生する以前に決定していたことになる。主導権を幕府が握っていたとするならば、幕府側は、そこまでして天皇の譲位を引き延ばす、あるいは譲位表明されること自体を避けたかったのであろうか。もし、この皇子に譲位するにしても、高仁親王が四歳で即位の予定であったことを考慮すれば、三年ほど先になる。それとも天皇がもっと早い譲位の意向を示す危険性を感じていたのであろうか。一方、天皇の方には、すでに女一宮への譲位を示していたことからも窺えるように、皇子が誕生しても、その成長を待って譲位するという意思はなかったと見るべきであろう。

今ひとつの疑問は、「御父分」（「孝亮宿禰記《たかすけすくねき》」）「御養子分」（「資勝卿記」）「御養子にしたて参らせ給」（「大内日記《おおうちにっき》」）という含みのある表現である。この表現からは、皇子を完全に養子に出したとは考えにくい。当時、智仁親王には嫡子智忠《としただ》親王がおり、八条宮家の後継者にするための養子縁組でなかったことは明らかである。また、「竹園秘抄」によれば、おまじないのための「猶子」で、中和門院の意向であったように記されている。したがって、この件については、今後、「相性」などを理由とした養子・猶子の慣習もふまえて検証する必要がある。ただいずれにせよ、天皇家唯一の皇子で、かつ嫡系の皇子を、生後わずか数日で親王家の養子分にするのは異例と言わざるをえない。

結局、皇子は十月六日に生後十日足らずで没する。誕生時から何らかの疾患、もしくは虚弱体質であったことも十分考えられるが、これを実証することはむずかしい。皇子の死が隠密にされ、中宮和子には伏せたという対応にも不自然さが残る。また、皇子の死により、幕府年寄の上洛も行われなかったので、皇子（光融院《こうゆういん》）をめぐる秀忠と後水尾天皇双方の考えは、いまだ未解明のまま残されている。

寛永六年四月十一日、中宮和子は、前年に亡くなった二人の皇子、真照院《しんしょういん》（高仁親王）・光融院と母お江与《えよ》（崇源院《すうげんいん》）のために、密かに相国寺《しょうこくじ》衆《しゅう》に施食《せじき》を行った。自らを慰め、奮い立たせるために、何かをせずにはいられなかったのであろう。父と夫との関係はいまだ膠着状態であり、皇子を相次いで失った悲しみだけではない心労が続いていた。

天皇、譲位の意向

五月七日、天皇は、母中和門院を通じて、腫物治療とその養生を理由に、譲位の可否を公卿に諮問した。皇子誕生までの暫定的なものと断った上ではあったが、もちろん女一宮への譲位ということになる。諮問を受けた公卿たちに表だった反対はなく、十一日、武家伝奏の三条西実条と中院通村は、勅使として江戸へ下向した。

豊前《ぶぜん》国小倉《こくら》藩主細川忠利《ほそかわただとし》の六月二十日の書状によれば、勅使の目的は二つあったという。一つが女一宮への譲位で、もう一つは、紫衣事件に関わって、綸旨《りんじ》が取り消されている長老衆への赦免であった（『大日本近世史料　細川家史料』九所収）。勅使の二人は、七月二日に帰京しているが、幕府の返答が具体的にどのようなものであったのかは伝わっていない。ただ、細川忠興の忠利宛て書状には、秀忠が「同心」しなかったと記されており（『大日本近世史料　細川家史料』三所収）、七月二十五日には、大徳寺の沢庵らに流罪《るざい》の裁決を下している。つまり、天皇の意向は二つとも幕府に受け入れられなかったことになる。

前年の譲位表明は、中宮和子を通じて、内々に秀忠・家光に伝えるという方法をとり、この年の譲位表明は、朝廷のいわば総意として、正式に勅使を派遣する方法をとったが、それでも幕府は認めようとはしなかった。天皇の焦燥感はさらに募っていく。

女二宮誕生

中宮和子は、このときも懐妊中で、七月二十日、著帯の祝いが行われ、二十八日からは、青蓮院門跡《しょうれんいんもんぜき》による七日間の護摩も行われた。八月五日、和子は出産に備えて、御《お》里《さと》御殿に移り、同日、土御門泰重《つちみかどやすしげ》による御里御殿での祈禱も行われた。そして二十七日、皇女（女二宮）を出産した。

ふく上洛

九月、将軍家光の乳母ふくが上洛し、十二日には、産後の忌み明け前の中宮和子に対面した。出産見舞いといった形になろうか。ふくの上洛の目的については諸説あって結論は出ていない。たとえば、熊倉功夫氏は、「もはや姫宮の出産で、さしあたって女一宮の即位しかあり得ない以上、このうえは直接、天皇の意向と病気の状態がどの程度さしせまっているのか確認したいところである。板倉京都所司代といえどもじかに天皇に面会することは許されない。奇策が編まれた。家光の乳母江戸の局を上洛させ、拝謁《はいえつ》を要求したのである」と説明している（『後水尾天皇』）。

上洛の目的

二年続けての譲位表明、しかも今回は病気治療を理由としている。紫衣事件も天皇の希望する決着ではなかった。幕府が、いつまで譲位を引き延ばせるのかを確かめたいと考えるのは当然である。しかし、天皇との対面が果たせたとして、それで天皇の真意をつかめるものだろうか。むしろ、女性であるふくの上洛は、天皇よりも中宮和子の意見や心中を直接確かめるのに有効であった。和子にしても所司代や中宮附には語れない心情を吐露することができたであろう。

ただ、ならばなぜ参内《さんだい》までしたのかという疑問が残る。お江与亡き後の江戸城大奥は、ふくが取り仕切っていた。公家の娘たちも出仕している。将軍家光と御台所《みだいどころ》孝子《たかこ》の仲は芳しくない。そうした大奥を統率するのに、ふくに箔を付けることは意味のあることだが、それをこの微妙な時期に行う必然性はない。

春日局画像（麟祥院所蔵）

しかし、現実にはふくの参内に向けて、中宮御所は準備を進める。参内資格のないふくを、参内させるには資格を作らなければならない。これにはふくと多少の縁戚関係のあった武家伝奏三条西実条に白羽の矢が立った。三条西の兄弟分（猶妹）にしたのである。そして、室町時代に例があるとして、「春日局《かすがのつぼね》」という名称が与えられることが、参内前に中宮和子からふくに伝えられた。こうした事前の準備をふまえて、十月十日の夜、ふく（春日局）は中宮御所から直接参内する。練貫《ねりぬき》の袷《あわせ》に紅袴《べにばかま》という出で立ちである。この装束《しょうぞく》も和子からの拝領であった。天皇との対面は御学問所で行われ、天皇は引直衣《ひきのうし》姿で着座し、中和門院が同席した。ここで勾当内侍《こうとうのないし》の酌により、天盃《てんぱい》を賜った。

十月二十四日には、春日局の申請により内侍所で神楽が催されたが、天皇は出御していない。天皇は、春日局の参内を不快に感じていた。公家衆の中にも同じ思いをしている者は多かった。これを機に、譲位への流れは一気に加速する。

女一宮内親王宣下

十月二十九日、女一宮に内親王宣下が行われ、興子《おきこ》と名付けられた。同日、天皇の姉清子《きよこ》内親王（鷹司信尚《たかつかさのぶひさ》の後室）の准三宮《じゅさんぐう》宣下も行われた。准三宮は、太皇太后《たいこうたいごう》・皇太后・皇后の三后（三宮）に准じた待遇を得ることを指す。上卿《しょうけい》を勤めたのは右大臣二条《にじょう》康道《やすみち》である。天皇にとって、内親王宣下は、明らかに譲位の布石であった。しかし、そのことは周囲、とりわけ所司代ら幕府方役人には気づかれなかったようである。続けて行われた清子内親王の准三宮宣下が、隠れ蓑の役割も果たした。

天皇譲位

そして、十一月八日、天皇は、幕府へ通告すらせず、突然、興子内親王への譲位を敢行した。辰刻（午前八時）頃、公家衆に対し、束帯《そくたい》で伺候《しこう》するよう触れが出された。突然の招集にみな、不審に思いながら参内した。そして片節会《かたせちえ》を行うというので、それぞれが陣の座に着したところ、奉行を勤める園基音《そのもとおと》が出てきて、譲位であることを告げた。その場にいた公家衆はあっけにとられたものの、譲位の儀式は滞りなく行われた（『泰重《やすしげ》卿記《きょうき》』）。

天皇、中宮御所へ移徙

当時、院御所はいまだ完成していなかった。そのため、後水尾天皇は中宮御所を仮の院御所に定め、中宮御所に移った。院参衆《いんざんしゅう》に任命された者たちも伺候した。また、関白以下の公卿たちも、随時、院に伺候して拝舞した（「資勝卿記」『泰重卿記』）。「資勝卿記」によれば、中宮御里御所は狭少のため、伺候するのは院参衆だけと言われ、帰宅したところ、広橋兼賢《ひろはしかねかた》らから院に伺候して拝舞を行うようにとの連絡を受けて、院参したという。

所司代の対応

一方、天皇のこの動きを察知できなかった所司代板倉重宗は、翌日、中宮御所の門を閉じ、女出入りの切手を停止するなど、人の出入りを厳しく制限した。このため、前日、院参衆に任命された土御門泰重らは、この日は、後水尾天皇の許に伺候することができなかった。また、板倉は中宮和子に伺候し、この譲位を「言語道断」のことと断じつつも、江戸の秀忠・家光からの返事が届くまでは穏便にするべきとの自分の所見を伝えた。

江戸へは、昼頃に継飛脚《つぎひきゃく》が、日暮頃に中宮附の天野長信《あまのながのぶ》が、和子の秀忠宛て書状を携えて発ち、十二日の夜中、江戸に到着した。十三日、天野は土井利勝に譲位を伝え、このことは秀忠らの耳にも入ったが、秀忠・家光は天野に会おうとはしなかった。和子の書状の内容は伝わっていないが、夫後水尾天皇の譲位を認め、穏便に対処してくれるよう頼んだものと思われる。和子は入内後、もっとも苦しい立場に立たされていた。

その間、京では、九日の夜に中宮和子の院号定が執り行われ、東福門院《とうふくもんいん》と定められた。上卿は大納言の西園寺公益《さいおんじきんます》、奉行は坊城俊完《ぼうじょうとしさだ》がこれを勤めた。ただ、中和門院が健在だったこともあって、こののちもしばらくは中宮と称され、また「国母《こくも》」の用語が併用された。

和子、東福門院となる

十日になると、表向きはやや平穏を取り戻した。院参衆の中院通村・中御門宣衡《なかみかどのぶひら》・阿《あ》野実顕《のさねあき》・勧修寺経広《かじゅうじつねひろ》・土御門泰重の五人は、後水尾上皇に呼ばれて中宮御所へ伺候した。そして、終日御前で物語などをしている。その後、四辻季継《よつつじすえつぐ》・清閑寺共房《せいかんじともふさ》・飛鳥井《あすかい》雅宣《まさのぶ》・高倉嗣良《たかくらつぐよし》の四人も加わって、お酒も振る舞われ、夜、解散した。と、ここまでは一見長閑であるが、亥刻（午後十時）、摂政一条兼遐《せっしょういちじょうかねとう》が突然参内し、宿直《とのい》であった土御門泰重と中御門宣衡は驚く。そして、常御殿《つねのごてん》で行われた上皇と摂政の密談に加わることになる。泰重はこのときの摂政が余裕のない様子であったと伝えている（『泰重卿記』）。突然の譲位は、朝議を預かる摂政らにも衝撃を与えた。所司代にも責められたであろう。幕府がどのような報復処置に出るのかもわからない。不安であった。

上皇の不安

その後、幕府からは何も言ってこない。ただただ無為に日が過ぎていく。この静けさは、譲位を敢行した後水尾上皇をも不安にした。十一月二十九日、上皇は、御番を勤めていた土御門泰重に「世上沙汰」を尋ね、中院通村も召して、その所存を尋ねた。通村は安徳《あんとく》天皇の例をあげ、復位という選択肢があることを述べたが、上皇の意には叶わなかったようである（『泰重卿記』）。

所司代の所存

十二月一日、所司代板倉重宗が、中院通村と土御門泰重に譲位の事情について尋ねた。このとき、板倉は、秀忠と家光がなぜ譲位したのか不審に思っていて覚悟が必要、とかなり厳しい発言をしている。細川忠興《ほそかわただおき》も、譲位の件で、板倉と公家衆が毎日せりあっていると忠利に伝えている（『大日本近世史料　細川家史料』三）。また板倉は、このとき幕府の儒者林羅山《はやしらざん》が、上代以来の女帝誕生で先例がはっきりしないと発言していることも話した。この日、中和門院に中院通村と土御門泰重の考えが伝えられた。翌日、中和門院は諸家に女帝の先例を再び諮問している。羅山の発言の影響があったと見られる。四日には、女院御所で中院通村の言説が取りざたされたというが、これが復位のことかどうかはわからない。

十二月二十日、江戸に下っている中宮附の天野長信の上洛は、年内にはないであろうとの情報がもたらされた。しかし、二十三日、天野は、ようやく秀忠・家光に対面し、秀忠から中宮和子宛ての返書を渡されて江戸を出立、二十六日夜には上洛した。そして二十七日、「譲位には驚いているが、叡慮次第とする」という秀忠らの返答を伝えた。不安な日々を過ごしていた和子もこれで、とりあえずは安堵した。この日、上皇は中宮の御里御殿を院御所とし、移った。

秀忠の返答

和子にとって、二人の皇子の夭折は痛恨事であった。入内の目的の一つは、天皇となる皇子を儲けることだったはずなのであるから。そして、天皇が女一宮への譲位の意向を示したことに、とまどい、責任をも感じていたかもしれない。しかし、これが実行され、幕府が了承したことで一つの節目を迎え、和子は今後果たすべき自分の役割について模索することになる。

三　女院御所

後水尾天皇が譲位したとき、まだ院御所・中宮御所（女院御所）が完成していなかったことはすでに述べた。これは、寛永五年（一六二八）の高仁親王の死去によって、幕府の方針が転換したためである。譲位の引き延ばしを計る幕府が、院御所の造営を予定通り進めるはずはない。実質、中断したと考えるのが妥当であろう。本格的に再開されたのが、寛永七年のいつであったかは不明であるが、その年の十一月に完成する。

寛永四年に開始された両院御所の位置は禁裏の東南で、その規模は、東西百六十三間・南北百四十二間、広さは約二万三千百五十坪になる。これは内裏《だいり》の規模を越える。この敷地を対角線で分け、東南に後水尾上皇の御所、西北に東福門院の御所が建設された。院御所の建物の総坪数は三千五百六十二坪余り、女院御所の建物の総坪数は三千八百八十四坪余りというから、東福門院の御所の方が、やや大きい。ここにも幕府の威勢が反映されている。

一方で、幕府は院御所を内裏より大きくしないように（実際は大きいのだが）、造作も内

新造御所への移徙

（左隻、宮内庁所蔵）

裏と同等にするように、家数も内裏より多くならないように、といった規制をし、院御所と内裏とのバランスには気を配っていた。

　十月二十一日、上皇と東福門院が新造御所に移る日が、十二月十日に決まり、その前に行われる地鎮《じちん》・安鎮《あんちん》の日取りも決められた。地鎮は十一月十四日、安鎮は十一月二十二日である。安鎮の阿闍梨《あじゃり》は梶井宮最胤《かじいのみやさいいん》法親王が、奉行職《しき》事《じ》は園基音がそれぞれ勤め、二十八日に結願《けちがん》した。

御物　御即位行幸図屏風

十一月二十七日には、供奉《ぐぶ》する公家衆が発表された。このときの発表では、東福門院に供奉する衆は、大納言日野《ひの》資勝《すけかつ》以下二十八人であった（「資勝卿記」）。十二月七日、御幸の道筋も定められた。これによると、中宮御所の門から出御したあと、内裏の四足門南門の前を経て、南へ折れ、その後、上皇の行列は新造院御所の南門の脇門から入御し、東福門院は西向の門（西の唐《から》門《もん》）から入御することになった。

移徙行列

十二月十日、上皇の行列は、まず殿上人《てんじょうびと》九人、次に公卿五人、さらに束帯を着した摂政一条兼遐と続き、その後ろが上皇の乗った車で、車の後ろは、院別当を勤める西園寺公益となり、その後ろは官人で、下北面十八人が二行で従った。一方、東福門院の行列は、殿上人五人、公卿五人と続き、次が東福門院の乗った車で、車の後ろには右大臣二条康道が供奉し、以下女二宮らが乗る七両の車が続いた（『本源自性院記』）。

近衛信尋が「広大無辺」と評したこの院御所は、こののち万治《まんじ》四年（寛文《かんぶん》元、一六六一）一月の火事で焼失するまで、三十年間、住まいとして使われた。寛永十一年八月には、小堀政一が作庭の奉行に任じられ、院御所の東北に二年近い歳月をかけて遠州《えんしゅう》好みといわれる庭園も造り出している。

幕府は、突然の譲位から一ヵ月半沈黙したのち、譲位を容認したが、寛永七年に入っても表だった動きは見せなかった。もちろん、水面下で、明正《めいしょう》天皇の即位準備に着手していたことは確認できる。七月三日、二月から煩っていた中和門院が没した。八日にその報に接した幕府は、翌日精進《しょうじん》し、高家の吉良義冬《よしふゆ》と大沢基重を弔使として派遣した。

十五ヵ条の覚

七月十三日、江戸に下向していた所司代板倉重宗が上洛の途につく際、幕府は十五ヵ条からなる覚を渡した（『東武実録』）。

一　明正天皇の即位は、後水尾上皇の即位の道具と同じように用意すること
一　即位の日取りは九月上旬の吉日とすること
一　即位が行われる清所以下は、後水尾上皇の即位時の様子に諸事ならうこと
一　後水尾上皇のことは、万事、後陽成上皇の時のようにするので、院御料も、どこであっても、後陽成上皇の御料を確認して、後水尾上皇の御料にすること
一　院参衆は、後陽成上皇の時の人数に准ずること
一　摂家衆に申し入れるべきこととして、御幼主の女帝であるので、とりわけ従来通り政を正しく行うよう、厳しく申すこと
一　公家衆の家々の学問は、油断なく行うように申し渡すこと。不行儀の様子がある時は言上すること
一　譲位が行われた上は、中宮御所の作法も院御所の作法に従うべきこと
一　摂家・親王家・門跡衆が中宮御所に参上した際は、権大納言局が応対し、その他の公家衆の場合は、表使衆および天野長信・大橋親勝が応対すること

中宮御所の作法

一　伝奏のこと
一　武家官位のことは、幕府の執奏《しっそう》なくして禁中から仰せ出されないよう申し上げ

ること

一　以前より仰せ出されているように、御料一万石で一年間の政を勤めるように。ただし、臨時の政はその限りではないこと

一　当長橋局の知行がまだ渡されていないということなので、受け取って、長橋局に渡し、前長橋局の知行は院御所の局並の知行を渡すべきこと

一　鳥飼以下は不届きの者がいるならば追い出し、残りはそのまま置くように。追い出した分の補充はしないこと

一　二条城の法度は大坂法度のごとく申しつけること

幕府自身が譲位を容認した以上、中宮御所も表向きこれまで通りというわけにはいかない。院御所の作法に従うとは、中宮御所のあり方の変化も認めたということである。

中宮御所の応接

摂家・宮・門跡ほか公家衆が中宮御所に参上した際の応接については、寛永三年の中宮御所の条目で、「女中まかり出でしかるべき方へは権大納言・新大納言両人まかり出ずべし、なお周防守指図《すおうのかみさしず》にまかすべきこと」とあったのが、より具体的になっている。これはこの間の四年間の実情に則したものと考えられる。

院御所については、すべて後陽成上皇の先例にならうとしている。この時点ではそれ

が幕府のとりうる相応の処置だったろう。

四　明正天皇の即位

明正天皇は七歳で皇位を継承した。翌寛永七年（一六三〇）一月一日、武家伝奏の三条西実条によれば、明正天皇の幼稚を理由に四方拝《しほうはい》を行わなかった。小朝拝《こちょうはい》も行っていない。六月十三日から三日間行われた御代始《みよはじめ》の内侍所臨時神楽にも、明正天皇の出御はなかった。

明正天皇即位

即位の儀式は、幕府によって、七月に九月上旬の吉日と定められた。八月二十日、幕府年寄の酒井忠世と土井利勝、勘定頭伊丹康勝《いたみやすかつ》、儒者林羅山らが、即位に備えるため、上洛の暇を賜った。九月五日、朝廷から即位の由奉幣使《よしのほうべいし》が発遣され、十一日、紫宸殿《ししんでん》の南庭《なんてい》に、即位の儀式に必要な威儀《いぎ》物が飾られた。そして十二日、即位の儀が行われたのである。

内弁《ないべん》を勤めるのは右大臣二条康道、外弁《げべん》は日野資勝、正親町三条実有《おおぎまちさんじょうさねあり》、広橋兼賢《ひろはしかねかた》、柳原業光《やなぎわらなりみつ》、西洞院時直《にしのとういんときなお》、烏丸光賢《からすまるみつかた》の六人が勤めた。酒井忠世と土井利勝は、この儀式を内々に南庭から見物した。所司代の板倉重宗は警固の指揮をとっていた。儀式終了後、酒井と土井は施薬院《せやくいん》で休息をとったのち、装束を改め、秀忠・家光の名代として御礼に参内した。

伝奏中院の更迭

酒井や土井らの上洛の目的は、秀忠の外孫である明正天皇の即位をつつがなく挙行することももちろんだが、むしろ、その後の朝廷運営に主眼があった。即位の二日後、酒井忠世、土井利勝、板倉重宗、金地院崇伝《こんちいんすうでん》の四人は、施薬院に武家伝奏の三条西実条と院執権《しっけん》の中御門宣衡、院参衆の阿野実顕を呼んで、武家伝奏中院通村の更迭を要求し、代わりに幕府昵近衆《じっきんしゅう》の日野資勝を任命するよう伝えた。中院は幕府との相口が悪いというのである。崇伝の弁によれば、寛永三年の二条城行幸《ぎょうこう》の頃からの、中院のふるまいに問題があるのだという(『本光国師日記』)。事実上、後水尾上皇の譲位の責任をとらされたようなものだが、上皇はこの要求を受け入れるしかなかった。翌日、武家伝奏は、中院から日野へと交替した。

摂家衆への申渡し

さらに、十六日、酒井・土井・崇伝は、武家伝奏の三条西・日野と談合の上、摂政一条兼遐邸に出向き、ここに摂家衆を集めた。ただし、近衛信尋と二条康道は故障があって出向いていない。ここで酒井らは、秀忠・家光の言を伝える。その内容は、「女帝は平安以来なく、上皇には、皇子が誕生されてから皇位を譲られるものと考えていたのに、突然の譲位で大変驚いた。このたび、即位の儀は無事行われた。今後のことについては、秀忠・家光は遠く離れていることもあり、摂家衆が一致協力して、何事も憚《はばか》らず天皇を諫《いさ》め、政《まつりごと》に勤めるように。また公家衆の学問などについても、家康の定めた法度に背くことがないよう計らうように。怠慢があった場合は、摂家衆の過失である」というものであった（『本光国師日記』）。

近衛信尋は、これを伝聞として「禁裏の諸法度」を申し渡されたと、日記に記している（『本源自性院記』）。この内容は、七月十三日、所司代板倉に手渡された条文の六条目・七条目に対応する。幕府は、家康の時代から、関白ら摂家衆を中心とし、これに武家伝奏を加えた体制での朝廷運営を構築した。したがって、これはその体制の再確認に過ぎない。天皇の譲位を察知しえなかったことへの根本的な対策は、課題として残ったままだったことがわかる。

秀忠の死

翌寛永八年から病がちとなった大御所秀忠が、寛永九年一月二十四日、江戸城西丸で死去する。東福門院には遺金として、大判金二千枚と白銀一万枚が贈られた。以後、将軍家光の時代が到来する。寛永十一年上洛した家光は、後水尾上皇の「院政」を承認し、院御領も七千石増献して合計一万石とした。寛永六年の譲位以後、秀忠との関係は実質改善されておらず、朝廷内の混乱―朝儀の停滞―も続いていた。家光による「院政」の承認は、幕府との関係改善の第一歩とされる。

これによって、摂家衆と武家伝奏による朝廷運営から、後水尾上皇と摂家衆・武家伝奏の協議による朝廷運営へと転換した。当時、明正天皇は十二歳。政務をみられる年齢ではなかった。一般に、女帝の在位中は、年齢に関係なく摂政が置かれるものと思われているが、明正天皇が十五歳を迎えた寛永十四年、朝廷には摂政を関白に改めようとする動きがあった。しかし、このとき、所司代は将軍家光の体調不良を理由に、江戸への伝達を拒み、延引した。以後、結果として明正天皇在位中に、摂政が関白に改められることはなかった。また、明正天皇は在位中、一度も四方拝を執り行わず、節会《せちえ》などにも正式には出御していない。朝廷側にも女帝による政務や所作の実行には、不安があったのかもしれない。

明正天皇、院御所へ行幸

ただ、それ以前の寛永十二年九月、院御所への行幸は行われている。「忠利宿禰記《ただとしすくねき》」の同年七月三日の条に、「一昨一日、国母において両伝奏仰せこれ有りと云々」とあり、この行幸実現には、東福門院の働きが大きかったようである。行幸の費用が幕府の負担であったこともそれを窺わせる（「大内日記」寛永十二年九月十六日条）。所生の娘明正天皇が皇位を嗣いで、国母の地位についた東福門院の発言権は増した。新上東門院、中和門院の例からわかるように、宮中での国母の地位は重く、中和門院が没したこともあいまって、寛永七年、和子は二十四歳で後宮の第一人者となった。和子もそれを十分自覚した。

浅井長政へ贈権中納言

そしてそれに基づく行動は、寛永九年早くも表れる。寛永九年九月六日、江戸で和子と家光の母崇源院の七回忌法会が増上寺《ぞうじょうじ》で始まった。この日、京では、小槻孝亮《おづきたかすけ》が、武家伝奏に徳川家の遠祖とされる新田義重《にったよししげ》への贈鎮守府《ぞうちんじゅふ》将軍と家康の父松平広忠《ひろただ》への贈大納言の宣旨が慶長十六年に出された旨の書付を渡した。これは、東福門院が崇源院の父浅井長政《あざいながまさ》について位がないので、「送号」を下さるべきかと沙汰したため、伝奏が孝亮に先例を尋ねたのである。そして、これが崇源院の命日となる九月十五日、長政への贈権中納言の消息宣下へとつながった。東福門院の発言が自身の発意によるものか、兄家光からの要請を受けてのものかは不明だが、東福門院の発言によって実現したことに違いはない。

さて、寛永十二年八月十八日、行幸日が九月十六日に定められた。八月十八日昼、上皇は禁裏へ御幸し、「摂政殿御煩い」のため、左大臣二条康道とこの件について談合した。上皇はこのとき、行幸の旧記調査を命じた。具体的には、御鞠のこと、御遊のこと、舞御覧のこと、晴御膳《はれのごぜん》のこと、御能の事、中門下御のこと、留守のこと、供奉人数のこと、行幸次第のことについてであった。二条康道は他の摂家衆にも相談している（「資勝卿記」）。明正天皇が十三歳の女帝ということで、先例調査は難しかったとみられる。九月十二日、禁中で行幸の習礼が行われた。

九月十六日、明正天皇は皇位に就いてから初めての行幸を行った。「大内日記」によれば、この行幸には左大臣二条康道以下の公卿らが従い、行列の最後尾は京都所司代板倉重宗であった。天皇はこの日から二十日に還幸するまで、父の院御所で過ごすことになる。行幸した十六日は、内々の対面ということで、晴れの儀式は行われなかった。翌十七日は舞御覧が行われ、十八日には能（猿楽《さるがく》）が催された。十九日は内々の御遊だった。そして二十日夜、天皇は還幸するが、後水尾上皇からは箏《そう》と手本が、東福門院からは琵琶《びわ》が贈られた。

この院御所への行幸については、「朝覲《ちょうきん》の礼ではなく、臨時の行幸である」とされる（「道房公記《みちふさこうき》」）など、当時は朝覲行幸と位置づけられていない。しかし、後年は朝覲行幸と認識され、先例として取り上げられた（藤田覚『近世政治史と天皇』）。

第四　女院時代

一　東福門院の娘たち

女五宮誕生

東福門院《とうふくもんいん》は、寛永《かんえい》七年（一六三〇）十二月に新造された女院御所《にょいんごしょ》に移ったのち、二度皇女を出産している。一度目は寛永九年六月五日で、女五宮と称された。同年四月七日土御門《つちみかど》泰重《やすしげ》は女院御所に伺候《しこう》した際、権大納言局から御産の祈禱《きとう》を命じられ、十五日これを行った。この間の四月十日には、梵舜《ぼんしゅん》から御産平安の札などが進上され、十二日には著帯の祝いも行われている。誕生後の六月八日、女院御所で泰重は祈禱料として銀子《ぎんす》三十枚を拝領した。幕府は、高家吉良義弥《きらよしみつ》を将軍家光《いえみつ》の使者として上洛《じょうらく》させ、吉良は六月二十七日に女院御所に伺候した。

菊宮誕生

二度目は寛永十年九月一日で、菊宮《きくのみや》という。菊宮という名は、上皇の姉清子《きよこ》内親王が名付けたものであった。女五宮と菊宮の誕生前に行われた清涼殿《せいりょうでん》での御産の祈禱は、ともに上皇の兄、仁和寺宮覚深《にんなじのみやかくじん》法親王が勤めている。九月五日、女院御所で御鞠《おまり》が行われ、上皇はお忍びでこれを見物した。翌六日は、菊宮の七夜の祝いとして和歌御会が催された。十月二十三日、上皇と東福門院は禁裏《きんり》に御幸するが、このとき菊宮も伴い、小御所では若衆歌舞伎《わかしゅかぶき》が行われた。翌寛永十一年一月十九日、菊宮は御霊社《ごりょうしゃ》への宮参りを無事すませたが、半年後の七月十五日に夭折《ようせつ》した。したがって、東福門院は、生涯で二皇子五皇女を儲けたが、成人したのは明正《めいしょう》天皇を含む四皇女だけである。

後水尾《ごみずのお》上皇が譲位した時、京ではいろいろな風聞が流れた。そのなかに「御局衆のはらに宮様達いか程も出来申し候を、おしころし、又は流し申し候」というのがある（細川忠興《ほそかわただおき》の忠利《ただとし》宛て書状、『大日本近世史料　細川家史料』三所収）。これは和子以外の女性が懐妊すると、（幕府が）誕生後殺したり、流産させたりしたということを述べている。真偽のほどは定かでないのだが、和子入内《じゅだい》後、後水尾上皇の譲位までの十年間、「皇統譜」などによれば、和子所生の皇子・皇女しか生まれていない。それが、譲位すると、女五宮誕生より前の寛永八年一月二日に、皇女八重宮が誕生している。生母は櫛笥《くしげ》隆致《たかむね》の娘隆子《たかこ》（当時二十八歳）で、上皇の在位中に掌侍《ないしのじょう》として出仕した。この事実から推察すると、ありえないことではなさそうである。

後光明天皇誕生

菊宮が誕生する半年前の寛永十年三月十二日、今度は皇子が生まれた。生母は園基任《そのもととう》の娘光子《みつこ》（初めは継子《つぐこ》、当時三十二歳）であった。皇子の幼名は素鵞宮《すがのみや》、のちの後光明《ごこうみょう》天皇である。この年には、もう一人皇子（生母は隆子）が生まれたが、七月十七日に夭折している。当時は、まだ東福門院に、将来、皇子が誕生する可能性があったため、女房衆の生む皇子については、公家の日記にもあまり詳しくは取り上げられていない。

寛永十年十一月、東福門院は疱瘡《ほうそう》を患った。そのため、同月二十四日から、梶井門跡《かじいもんぜき》による病気平癒の加持《かじ》が行われた。幸いにも疱瘡は軽く、十二月十三日には平癒し、諸家から樽《たる》・肴《さかな》が進上されている。東福門院はその後、寛永十三年二月に麻疹《はしか》も患ったが、これも大事には至らず、無事平癒した。

寛永十一年に入ると、七月一日に皇女緋宮《あけのみや》（朱宮とも。生母は隆子）が、閏《うろう》七月十一日に皇子今宮《いまのみや》（生母は光子）が誕生している。この様子をみると、譲位後間もない時期に、上皇の寵愛を得ていた女房は、この二人だったとみてよさそうである。ともに、東福門院より年長である。

女二宮の結納

寛永十三年十一月二十一日、近衛信尋《このえのぶひろ》は、裏辻季福《うらつじすえとみ》を使者として、東福門院の許へ結《ゆい》納《のう》の品を届けた。東福門院所生の女二宮と信尋の嫡子尚嗣《ひさつぐ》との婚姻が決まったためである。東福門院は、使者裏辻季福に金子《きんす》一・小袖《こそで》一重、青侍《あおざむらい》二人に銀子一枚ずつ、中《ちゅう》間《げん》一人に青銅一貫、御樽を運んだ仕丁《しちょう》に五百疋を下賜した。また、同日昼には、女二宮の色直しの服も献上された。これは本来、婚儀当日に行うものだったが、二十一日が吉日であったため、内々の相談の上、この日になったという。使者を勤めたのは尚嗣の乳母であった。進物《しんもつ》の服は、紅梅の織物（紋幸菱《さいわいびし》、裏紅梅）・紅梅の練《ねり》（裏紅梅）・白練（裏白）の三点である。東福門院は、この使者にも黄金一・小袖一重、呉服奉行《ごふくぶぎょう》の青侍に銀子一枚、乳母の輿《こし》添えの青侍二人に銀子一枚ずつ、仕丁に三百疋、乳母の供の女房二人に縮緬《ちりめん》一巻ずつ、下女に十疋を下賜した。

二十三日夜、婚儀は女院御所で執り行われた。近衛家の家礼《けらい》の公家衆も参集した。信尋は、上皇の仰せにより、院参後、女院御所に参り、簾中《れんちゅう》からその様子を見物した。尚嗣は、女院御所の四足門《しそくもん》から入ったという。御殿では上段西側に女二宮、東側に尚嗣が座り、固めの盃《さかずき》が取り交わされた。その後、女二宮のお色直しが行われ、二人が席に戻ったあと、三献が行われた。

婚儀のあと、信尋は尚嗣より前に女院御所を退出して近衛邸に戻った。家礼の公家衆も近衛邸に戻って「珍重の由」を言上し、勧盃《けんぱい》後に退出した。二十八日には、女院御所で、東福門院出御《しゅつぎょ》のもと、内々に饗膳《きょうぜん》があった（以上『本源自性院記《ほんげんじしょういんき》』）。

女二宮、近衛邸に移徙

十二月四日、十一日に行われる女二宮の尚嗣邸への移徙《いし》に備えて供奉《ぐぶ》人数が発表された。北面《ほくめん》は全員お供し、公卿は広橋兼賢《ひろはしかねかた》ら八人、殿上人《てんじょうびと》は鷲尾隆基《わしのおたかもと》ら十二人であった（「資勝卿記《すけかつきょうき》」）。当日夜、女二宮の輿《こし》が女院御所を出、尚嗣邸に向かった。行列の前後は、京都所司代《しょしだい》板倉重宗《いたくらしげむね》の郎党《ろうとう》が警護し、尚嗣から迎えに派遣された近衛家諸大夫はお輿に付いて歩いた。女二宮が到着後、尚嗣邸では二献および、粥《かゆ》・饗膳などが執り行われた（『本源自性院記』）。このとき、女二宮十二歳、尚嗣十五歳であった。なお、女二宮には婚姻に先立ち、幕府から知行三千石が進上された。

五年後、女二宮は娘を儲けたが、慶安《けいあん》四年（一六五一）五月に二十七歳の若さで没し、夫の近衛尚嗣もその二年後の承応《じょうおう》二年（一六五三）に没した。寛文五年（一六六五）女二宮の忘れ形見好君《よしぎみ》と伏見宮貞致《ふしみのみやさだゆき》親王の婚姻が定まり、十一月八日朝、好君は新殿へ移る。夕方、近衛家当主で好君の異母弟基熙《もとひろ》が新殿を訪れ、東福門院から派遣された宣旨局《せんじのつぼね》、綾小路《あやのこうじ》局《つぼね》と対談した。全ては東福門院の肝煎《きもいり》で行われ、基熙は御殿の美しさに驚いている。また、この婚姻にともない、好君には幕府から知行二千石が贈られ、これまで基熙が用立てていた三百石が、好君から基熙に返還された（「基熙公記」）。

女三宮内親王宣下

寛永十四年十二月八日、東福門院所生の女三宮に内親王宣下《せんげ》が執り行われ、昭子《あきこ》と名付けられた。当時、女三宮は九歳である。なぜこの時期に内親王宣下が行われたのかはわからない。『本朝皇胤紹運録《ほんちょうこういんじょううんろく》』などには、女二宮が昭子内親王、女三宮が顕子《あきこ》内親王と記されているが、これは本来誤りで、女二宮に内親王宣下が行われたという記録はない。ただ、三十年ほどのちにはすでに混乱が生じていて（「重房宿禰記」寛文九年正月九日条）、その後、右のように考えられるようになっていった。この女三宮は生涯独身で過ごし、比丘尼《びくに》御所への入寺もなかった。

明正天皇鬢曽木

寛永十五年、十六歳を迎えた明正天皇の鬢曽木《びんそぎ》の儀の準備が始まった。五月八日には、東福門院の鬢曽木の際の道具が書き出され、武家伝奏日野資勝《ひのすけかつ》を通じて、摂政二条康《せっしょうにじょうやす》道《みち》に示された。十五日、摂政二条康道が鬢曽木の役を勤めることに定まり、六月十六日、鬢曽木の儀が、常御殿で行われた。

明正天皇、院御所へ行幸

寛永十七年三月十二日、明正天皇は、父後水尾上皇の許へ、四年半ぶりに行幸《ぎょうこう》をした。それに先だって陣儀が行われ、上卿《しょうけい》を柳原業光《やなぎわらなりみつ》、奉行職事《しきじ》を日野弘資《ひろすけ》が勤めた。その後、院御所に入御した天皇は、六泊して、十八日還幸した。

この行幸は、幕府が「細々行幸」にするよう求めたため、摂政二条康道は、「最略儀」の行幸の先例を調査することにし、方違《かたたがえ》行幸の先例などを調べた（「康道公記」）。このため、幕府側では「方違行幸」と位置づけられている（「大内日記《おおうちにっき》」）。しかし、「忠利宿禰記」には「朝覲《ちょうきん》行幸」と明記されており、朝廷側では朝覲行幸と見る向きもあったらしい。

二　東福門院と後光明天皇

内裏造営計画

寛永十七年（一六四〇）、内裏《だいり》造営の準備が始まった。三月三日、翌年内裏造営が行われることになったことから、内裏御殿を拝領して相国寺《しょうこくじ》の方丈《ほうじょう》を造営したい旨の相談がなされ（『隔蓂記《かくめいき》』）、七月二十五日、相国寺は、上皇に御殿の拝領を願い出た（『鹿苑日録《ろくおんにちろく》』）。

なぜこの時期、内裏造営計画が起きたのか。これは、明正天皇が皇位を継承してから丸十年が過ぎ、幕府が、天皇交替の時期を視野に入れ始めたことの表れなのではないだろうか。三月九日、将軍家光は、高家吉良義弥に京への使者を命じ、東福門院に書状を出した。その内容は明らかでないが、内裏造営の動きが始まっていることと無縁ではないように思われる。さらに、五月二十六日、春日局《かすがのつぼね》を上洛させた。

春日局上洛

幕府は、この春日局の上洛に際し、東福門院への金三千両をはじめ、皇女たちや、禁裏・院・女院の各女房衆に対してかなりの銀子を用意した。またこのほか、「九条政《くじょうまん》所《どころ》」（九条忠栄《くじょうただひで》の内室完子）に銀三百枚、「高松《たかまつ》の後室」（故高松宮好仁《よしひと》親王の内室寧子）に銀二百枚、「九条の北方」（九条道房《みちふさ》の内室長子）に銀二百枚を贈っている。寧子（亀姫《かめひめ》）と長子（鶴《つる》姫《ひめ》）はともに松平忠直《まつだいらただなお》の娘（つまり東福門院の姉勝姫《かつひめ》の娘）で、寧子は秀忠の、長子は家光の、それぞれ養女として嫁いでいた。

したがって、春日局の上洛は、後宮等への経済援助が直接の役目であったのであろう。ただ、寛永九年八月二十七日、細川忠利が石河勝政《いしこかつまさ》に宛てた書状に、当時滞京中であった春日局が「いつれの御腹にても皇子御誕生」になれば、東福門院が養われて、皇位に就かせられるのがよいと意見を申し上げたらしいと記されている（『大日本近世史料　細川家史料』十六所収）ことを考慮すると、今回、養子縁組について話し合われたとしても不思議ではない。東福門院は寛永十五年、三十二歳の時に懐妊しているが、流産したらしく、以後懐妊は確認できない。いよいよ女房所生の皇子が皇位継承者となることは動かしようがなくなった。

八月六日、幕府は小堀政一《こぼりまさかず》に禁裏造営の惣奉行を命じた。十一月にはいると、新内裏の建物の数や規模、仕様について大筋が示され、計画はかなり進んでいる。

木作始

そして、寛永十八年一月二十三日、新造内裏木作始《きづくりはじめ》の日時定が行われた。上卿は三条公富《きんとみ》、奉行職事《しきじ》は中御門宣順《なかみかどのぶより》が勤めた。これに基づき、二十六日、木作始（釿始《ちょうなはじめ》）が行われた。また、造営奉行には、小堀政一をはじめ、五味豊直《ごみとよなお》、中坊時祐《なかのぼうときすけ》ほか数名が任じられていた。

明正天皇仮殿行幸

内裏造営中、明正天皇の住居となる仮内裏は、禁裏北殿と呼ばれる内裏北郭の敷地（故中和門院御所の南）に造られた。建物の一部は、後水尾上皇が院御所として使用した和子の中宮御所を修理して用い、それに新造したものを加えた。この仮内裏の造営奉行も、小堀政一、五味豊直、中坊時祐が勤めた。三月二十一日、仮殿行幸と内侍所渡御《とぎょ》の日時定が行われた。上卿は徳大寺公信《とくだいじきんのぶ》、奉行職事は万里小路綱房《までのこうじつなふさ》であった。二十二日、明正天皇の仮殿行幸と内侍所の仮殿渡御が行われた。

前述したように、仮内裏は、元中宮御所を修理して使用しているので、内裏からは廊下続きで移居することができた。もちろん、中宮御所の建物を全て同じ場所で使用したわけではない。同じ場所だったのは対面所や宸殿《しんでん》などで、仮内裏では、この対面所を清涼殿代、宸殿を常御殿として用いた。

三月二十六日、相国寺は内裏の台屋を拝領することに決まり、二十八日、禁裏に出向いて受け取った（『隔蓂記』）。二十六日は、内裏御殿の拝領先を定めた日だったようで、この他にも青蓮院《しょうれんいん》に書状で御殿拝領が伝えられ、青蓮院は二十九日、これを受け取っている。

内裏上棟

六月十日、新造内裏の立柱《りっちゅう》上棟《じょうとう》が行われ、この時点で御殿が九軒ほど建立されていたという（『忠利宿禰記』）。それから一年後の寛永十九年六月六日、内裏は上棟した。十日、明正天皇の新造内裏還幸と内侍所渡御の日時定が、仮殿陣座で行われ、十八日と定められた。上卿は三条実秀《さんじょうさねひで》、奉行職事は油小路隆基《あぶらのこうじたかもと》が勤めた。また、十日夜から七日間にわたって、新造内裏で、上皇の弟、妙法院宮尭然《ぎょうねん》法親王による安鎮法《あんちんほう》が行われた。そして、十八日昼、明正天皇は還幸し、内侍所もその夜遅く渡御した。

明正天皇還幸

新造内裏の御殿の坪数は四千八十五坪で、工事費用は、銀五千五十三貫百八十一匁九分、米九万千七百八十七石六斗七升五合、大工は総数六十八万八千六百八十八人であった（『愚子見記《ぐしけんき》』）。この内裏には、明正天皇が女帝であることを反映して、女御《にょうご》御殿は作られていない。しかし、この内裏の本当の主となるのが次の天皇であることは、その後の動きが証明している。

九月二日、東福門院の意向という形で、上皇に仕える京極局《きょうごくのつぼね》（光子）所生の素鵞宮が儲君に定まった。十歳の素鵞宮は、上皇の皇子のなかで最年長であり、この決定は予定通りである。ついで閏九月十九日、素鵞宮は東福門院の養子となった。東福門院は、すでに素鵞宮の同母弟今宮を養子にしていたが、次期天皇となる儲君《ちょくん》と母子関係を結んだことの意味は大きい。

東福門院、素鵞宮を養子とする

この動きに呼応して、九月、小堀政一は明正天皇が譲位後に住まう新院御所の造営を命じられ、閏九月二十七日には木作始が行われた。この新院御所の敷地は、故中和門院御所のあった敷地を南に拡張した広さで、東西七十九間・南北六十八間余、建物の総坪数は二千五坪であった。

親王宣下

十二月四日、江戸城では、将軍家光が紀伊《きい》の徳川頼宣《よりのぶ》を召し、井伊直孝《いいなおたか》、酒井忠勝《さかいただかつ》ら幕閣と素鵞宮の親王宣下について協議した。そしてその結果をふまえ、高家吉良義弥を京に、吉良義冬《よしふゆ》を尾張《おわり》に、今川直房《いまがわなおふさ》を水戸《みと》に、使者として送った。同月十五日、親王宣下が行われ、素鵞宮は紹仁《つぐひと》と名付けられた。上卿は左大臣九条道房《みちふさ》が勤めた。翌日、それを見届けた吉良義弥が出京している。さらに、権大納言局、京都所司代《しょしだい》の板倉重宗《いたくらしげむね》、女院附《にょいんづき》の大岡忠吉《おおおかただよし》が親王宣下終了を江戸へ知らせた。

寛永二十年八月晦日、幕府は、禁裏附を新設する。この日、目付の高木守久《たかぎもりひさ》と女院附の天野長信《あまのながのぶ》を禁裏附とし、天野の異動で一席空いた女院附には、目付の野々山兼綱《ののやまかねつな》を就任させた。また、書院番の中根正次《なかねまさつぐ》と大番組頭の榊原元義《さかきばらもとよし》は、新たに設置する新院附に命じられた。

九月一日、幕府は、新設した禁裏附に宛てて条々を発布した。その最初の二条は次のような内容である。

一　禁裏のことは、長橋局《ながはしのつぼね》と両伝奏《てんそう》に伺った上で、先規の作法を守るように。もちろん、万事、京都所司代板倉重宗の指図を得ること。

一　諸事、禁裏附の二人で相談し、判断の難しいことは板倉重宗の指図に任せて申し付けるように。附けたり、御所は格別であるが、意見があれば、女院附、新院附とも相談すること。

京都所司代を中心にした禁裏附・女院附・新院附の協力体制を指示していることが窺える。また、内裏の出入り口三ヵ所の警固は、禁裏附の同心が行うよう命じ、禁裏の諸入用の管理も禁裏附の任務となった。この禁裏附の設置によって、幕府の朝廷への監視体制が強化された。なお、禁裏附同心による諸門の警固は、十月に行われた後光明《ごこうみょう》天皇の即位儀式の際には実施されたことが確認できる。

新院御所の規定

さらに、譲位する明正天皇についても細かな規定を定めている。新院御所での遊覧は無用であること。ただし、禁裏や仙洞《せんとう》御所、女院御所での一同御覧はその限りではない。連枝（兄弟姉妹）との対面は歳首のみとし、それ以外は摂関家などであっても対面してはならない。仙洞御所と女院御所への御幸は構わない。禁裏や、妹の女二宮（近衛尚嗣の内室）邸へは、上皇や女院に同行するのであれば構わない。たびたびの御幸は控えるように。御幸の際は、院参の公卿二人が供奉すること、といった具合である。幕府は、位を退く徳川家の血を引いた若き女帝の譲位後の行動に、細心の注意を払っていた。

こうして、幕府は、東福門院の実子である明正天皇の譲位と、東福門院の養子とされた紹仁親王の即位に向けて、周到な準備を進めた。

幕府、譲位即位発表

九月三日、京都所司代板倉重宗と、禁裏附、女院附、新院附が上洛の暇を得、五日、幕府は、諸大名に譲位・受禅《じゅぜん》、即位が行われることを発表した。八日、即位に備えて、幕府年寄の酒井忠勝と松平信綱に上洛が命じられ、儒者の林羅山《はやしらざん》とその子鵞峰《がほう》も同行を命じられる（「大猷院殿御実紀《たいゆういんでんごじっき》」）。

「道房公記《みちふさこうき》」寛永二十年九月十日の条によれば、譲位・即位に関する日程は、九月十八日新造御所安鎮、二十五日行幸、二十七日元服、十月三日譲位、二十一日即位であった。ここでいう新造御所は、もちろん新院御所のことで、実際、十八日から七日間にわたって安鎮法が行われた。二十三日には、公家衆が行幸の習礼《しゅうらい》を行って明正天皇の新院御所への行幸に備えた。

明正天皇の行幸延期

ところが、二十四日、突然、翌日の行幸が十月三日に延期された。つまり、譲位と同日になったのである。その理由は、行幸に供奉する酒井忠勝と松平信綱がいまだ京着していなかったためである。しかし、理由はそれだけではなかったらしい。幕府は、慶長《けいちょう》十六年（一六一一）に行われた後陽成《ごようぜい》天皇の譲位時と同様、天皇の新院御所への行幸と譲位を同日にするべきとしたというのである（「道房公記」寛永二十年九月二十五日条）。そうだとすると、酒井忠勝の江戸出立が十二、十三日、松平信綱の出立が十七、十八日というのは、意図的なものだったのかもしれない。特に信綱の出立日から計算すると、二十五日の行幸に間に合わせるのは、通常の旅程ではかなり厳しい。結局、二人は二十九日に京に到着した（『本源自性院記』には十月一日に上洛とある）。

紹仁親王元服

九月二十七日、院御所で紹仁親王の元服の儀が執り行われた。加冠《かかん》は摂政《せっしょう》二条康道《にじょうやすみち》

明正天皇譲位

後光明天皇即位

が勤めた。二十九日、紹仁親王は禁裏へ参内《さんだい》し、新院御所では行幸の習礼が行われた。

十月三日寅刻（午前四時）、紹仁親王は女院御所から禁裏御所へ車で渡御した。親王の乗る車には、上皇と東福門院が同乗し、西門から入った。卯刻（午前六時）、禁裏では、明正天皇の新院御所への行幸の儀へと移り、左大臣九条道房が陣座《じんのざ》に着した。巳刻（午前十時）頃には、新院御所で、右大臣近衛尚嗣が陣座に着して譲位の儀が行われ、午刻（正午）頃、譲位節会《じょういのせちえ》が始まった。剱璽《けんじ》渡御は申下刻頃というから、午後五時頃になろうか。こうして、紹仁親王は皇位を継承した。

十二日、明正上皇への尊号（太上天皇）宣下が行われ、十八日には即位の由奉幣使《よしのほうべいし》が発遣された。二十日、即位の習礼が行われ、二十一日、紫宸殿《ししんでん》で後光明天皇の即位の儀が執り行われた。内弁は左大臣九条道房、外弁は広橋兼賢・滋野井季吉《しげのいすえよし》・四辻公理《よつつじきんむさ》・三条公富・清閑寺共綱《せいかんじともつな》・中御門宣順・裏辻季福が勤めた。酒井忠勝や松平信綱、板倉重宗らも、この儀式を見物した。二十七日、酒井忠勝（将軍家光の使者）と松平信綱（世子家綱の使者）は、参内して即位を賀し、太刀と馬代銀を献上した。天皇は常御殿で二人に対面し、天盃《てんぱい》を下賜した。

このように、明正天皇から後光明天皇への皇位の継承は、幕府の綿密な準備のうえで行われた。そして、そのなかに組み込まれた東福門院と後光明天皇との母子関係の成立は、早くから企図していたように幕府にとって重要な意味を持っていた。

三　後光明天皇の死と皇位継承

女五宮内親王宣下　今宮親王宣下

寛永二十一年（正保《しょうほう》元、一六四四）十月二日、女五宮に内親王宣下、今宮に親王宣下が行われた。上卿は高倉永慶《たかくらながよし》が勤め、女五宮は賀子《よしこ》、今宮は幸教《たかのり》と名付けられた。今宮は、先に触れたように東福門院の養子で、後光明天皇の同母弟である。寛永十五年、将軍家の奏請により、日光山門主に定められる（「輪王寺宮年譜《りんのうじのみやねんぷ》」）ので、東福門院と今宮との養子縁組は、このことに関係すると考えるべきであろう。しかも、今宮は将軍家光が滞京中であった寛永十一年閏七月十一日に生まれているが、家光が京を出立した八月五日に、東福門院の養子になるという早業である（「大内日記」）。以後、東福門院が姫宮らをともなって禁裏に出向く際には、必ず今宮も同行させていて、我が子として遇している。幕府もまた、たとえば、寛永十七年に春日局が上洛した際、女五宮に続いて今宮にも贈り物がなされているように、東福門院の子として扱っている。今宮は女院御所で養育され、寛永二十一年十月十六日、女院御所から青蓮院に入室した。

行列は、まず殿上人五人が騎馬、次に北面・随身らが続き、親王の輿のあとに公卿五人が乗輿で供奉した。親王は青蓮院に到着したその日の夜、得度し、名を尊敬《そんきょう》と改める（「道房公記」「忠利宿禰記」）。その報を受けた幕府は、同月二十三日、賀使として高家吉良義冬を派遣した。

尊敬法親王江戸下向

三年後の正保四年八月二十二日、幕府は親王の江戸下向の迎えとして、高家吉良義冬と寺社奉行安藤重長《あんどうしげなが》を上洛させた。九月十二日、親王は青蓮院宮尊純《そんじゅん》法親王とともに、江戸下向の暇《いとま》のため参内し、後光明天皇に対面した。十四日、二人は、吉良と安藤に伴われて出京し、二十九日、江戸上野の東叡山《とうえいさん》に到着している。

慶安元年（一六四八）三月四日、親王は二品に叙せられ、翌二年七月、上洛、八月二十三日には一品に叙せられた。また、この日から五日間、仙洞御所で行われた故後陽成上皇の三十三回忌の法要（法華懺法講《ほっけせんぽうこう》）の導師の一人を勤めた。

女五宮御簾入り

一方の賀子内親王は、正保二年一月二十八日、内大臣二条光平《みつひら》との縁組が成立し、この夜、女院御所で御簾《みす》入りが行われた。光平は、二条康道と後水尾上皇の妹貞子《さだこ》内親王の子である。この日、二条光平は、二条家の家礼《けらい》の供奉のもと女院御所に参上した。賀子内親王十四歳、光平二十二歳であった。

翌正保三年十二月十九日、賀子内親王は二条邸へ輿入れした。輿入れには武家昵近衆《じっきんしゅう》らが供奉した。二日後、近衛尚嗣は二条康道・光平、賀子内親王、貞子内親王にお祝いを贈った。賀子内親王からはお返しとして、女院附大岡忠吉を通じて銀子二十枚が下賜された（「尚嗣公記」）。

後光明天皇仙洞御所へ行幸

慶安四年一月十六日、後光明天皇の仙洞御所への行幸が「当春」に定まった。二月十七日、行幸の習礼が行われ、天皇も紫宸殿に出御した。そして二十五日、寅刻（午前四時）陣儀が行われ、上卿は左大臣近衛尚嗣が勤めた。天皇は卯刻（午前六時）に紫宸殿に出御した。仙洞御所行幸ののち、舞楽御覧、和歌御会が行われる。二十七日にはお花見、二十八日には能（猿楽《さるがく》）御覧が行われて、二十九日亥刻（午後十時）、天皇は還幸した。

家光の死

この頃、江戸では将軍家光の病が重くなっていた。三月二十三日には、朝廷から石清《いわし》水八幡宮《みずはちまんぐう》に奉幣使が発遣され、二十六日には、東福門院の沙汰により内侍所で臨時の御神楽が催された。後水尾上皇、明正上皇、東福門院が禁裏へ御幸した。このときの祈禱《きとう》札《ふだ》・榊《さかき》・御奠《ごてん》は四月三日に江戸へ届けられている。しかし、その甲斐もなく家光はこの月二十日に死去した。東福門院が兄家光に最後に対面してから十七年の歳月が流れていた。

四月二十六日、家光の死の報が京に届き、五月三日、朝廷は、故家光に太政大臣正一位を贈った。五月六日、贈経勅使《ぞうきょうのちょくし》として西園寺実晴《さいおんじさねはる》、仙洞使として四辻公理、新院使として姉小路公景《あねがこうじきんかげ》、女院使として五条為適《ごじょうためゆき》が、江戸に派遣された。またこの日、後水尾上皇は、家光追悼の和歌五首を東福門院に贈った（「尚嗣公記」）。

六月二十七日、家光の世子家綱《いえつな》が派遣した贈位贈経御礼の使者吉良義冬が参内し、太刀・馬代銀五千両を進上した。一ヵ月後の七月二十六日、禁裏で家綱に対する将軍宣下が行われた。家綱はこの宣下を、八月十八日、勅使下向により江戸城で受ける。

内裏焼失

承応二年（一六五三）六月二十三日昼、内裏の御清所《おきよどころ》から出火し、内裏が焼失した。後光明天皇は仙洞御所に避難し、内侍所も渡御した。幕府は永井尚政《ながいなおまさ》・同直清《なおきよ》らを内裏造営奉行に任じた。閏六月十五日、仙洞御所内に仮殿が造営され、地曳《じびき》・礎《いしずえ》・立柱・上棟が行われ、二十七日、天皇はこの仮内裏に遷幸した。仙洞御所に仮内裏を造営したのは、将軍家綱の意向であったという（「宣順卿記《のぶよりきょうき》」）。ただし、当時家綱は十三歳で、これは幕閣による判断であった。ついで七月三日、内侍所が仮内裏に移された。

承応三年三月十二日、新造内裏の木作始が行われ、八月二十三日には内侍所等が立柱した。あとは完成を待つばかりだったのだが、九月二十日、主となるべき後光明天皇が仮内裏で急死してしまう。

後光明天皇急死

九月十四日、十一日から体調を崩していた天皇は、疱瘡《ほうそう》と診断された。その後、十七日までは病状も安定していた。その十七日には、十九日から伊勢神宮で大神楽《だいかぐら》が行われることも決まった。容体が急変したのは、このすぐあとで、十九日に危篤となり、二十日早朝病没した。二十一日、内々に入棺（正式な入棺は二十五日と定められた）し、剱璽《けんじ》を仙洞御所の小御所に渡御させた。後水尾法皇（慶安四年に落飾《らくしょく》）と東福門院は愁嘆し、法皇は二十一日になっても食事もとらない様子だったという。

天皇はこのとき二十二歳の若さで、まだ女御《にょうご》も迎えていなかった。子女は慶安三年に誕生した皇女のみであった。そのため、皇位継承者は後水尾法皇の皇子の中から選ばざるを得なかった。その選定過程を伝えているのは、「宣順卿記」承応三年十月十七日の条の記述である。以下、これに基づいて述べることにしたい。

後光明天皇の意向

まず、後光明天皇は生前に、この年五月二十五日に生まれた法皇の皇子高貴宮《あてのみや》を養子にしたいという意向をもっていたという。高貴宮の生母は園基音《そのもとおと》の娘国子《くにこ》で、後光明天皇の生母光子の姪にあたる。天皇はこの意向を勾当内侍《こうとうのないし》に伝え、禁裏附高木守久が申し聞いた。高木はこれに対し、養子のことはまずは止めておいた方がよいのではないかと勾当内侍に伝え、結果、披露はなされなかった。天皇が養子の意向を示した時期については、「後光明院御弔記《おとぶらいき》」に八月と記されている。

高貴宮を故天皇の養子とする

この養子の件は、天皇から近臣の勧修寺経広《かじゅうじつねひろ》・三条西実教《さんじょうにしさねのり》・持明院基定《じみょういんもとさだ》の三人にも伝えられた。そのため天皇が死去すると、時を移さず、三人は後水尾法皇にこれを伝えた。次いで、関白二条光平、前摂政二条康道、武家伝奏の清閑寺共房《ともふさ》・野宮定逸《ののみやさだとし》、京都所司代板倉重宗にも伝えられた。申刻（午後四時）、一同は、後水尾法皇の御所で協議をし、高貴宮を故後光明天皇の養子にすることで合意した。

しかし、高貴宮はまだ生後四ヵ月の乳児である。摂政を置くとはいっても、高貴宮が直ちに皇位を継承することには無理があった。後日、後水尾法皇は、関白二条光平を召し、高貴宮が十四、五歳になるまでの間、花町宮良仁親王《はなまちのみやながひと》に皇位を継承させる意向を示す。

東福門院の意向

これを聞いた東福門院は、二十七日、板倉重宗を使者として関白二条光平に自らの意向を伝えた。その内容は、一歳の高貴宮が皇位を継承すると、後水尾法皇も諸事差し支えるであろうから、幼少の間は、良仁親王が皇位に就くことに賛成する。ただ、このこ

死亡日	備考
元和8(1622)10. 2	
寛永5(1628) 6.11	
寛永5(1628)10. 6	
承応3(1654) 9.20	寛永20(1643)10. 3践祚
延宝8(1680) 5.16	正保元(1644)10.16得度〈輪王寺〉
延宝6(1678) 2.29	正保4(1647) 9.27入室得度〈仁和寺〉
貞享2(1685) 2.22	正保4(1647)11.27高松宮継承
元禄9(1696) 1. 4	正保4(1647)12. 3入室〈大覚寺〉
元禄8(1695) 4.16	正保4(1647)12.16入室〈妙法院〉
寛文5(1665)10. 3	承応3(1654) 9.19八条宮邸移徙
延宝8(1680) 1. 6	明暦2(1656) 5. 8入室得度〈知恩院〉
延宝4(1676) 3. 8	承応元(1652) 5.24入室〈聖護院〉
宝永3(1706) 7. 6	慶安4(1651)12. 8入室〈一乗院〉
元禄7(1694)10.15	明暦2(1656) 6. 3入室〈青蓮院〉
延宝8(1680) 6.26	明暦3(1657) 8.27入室〈梶井〉
享保17(1732) 8. 6	

とは幕府にも相談すべきであるというものであった。東福門院も四十八歳、入内から三十四年を経て、この非常時での皇位継承という重事に際し、自らの意見を明確に述べている。もちろん、後光明天皇の「母」という立場もあってのことである。この意向を、二十八日法皇に伝えたところ、了承が得られたので、二条光平と父康道は、四人の幕府老中（酒井忠勝・酒井忠清《ただきよ》・松平信綱・阿部《あべ》忠秋《ただあき》）に書状を遣わした。

十月五日、高家品川高如《しながわたかゆき》はその返事を携えて江戸を出立し、

後水尾天皇の諸皇子

皇　　子	生　　母	誕　生　日
賀茂宮	四辻公遠娘	元和4(1618)
高仁親王	東福門院徳川和子	寛永3(1626)11.13
若宮	東福門院徳川和子	寛永5(1628) 9.28
後光明天皇	壬生院園光子	寛永10(1633) 3.12
尊敬(守澄)法親王	壬生院園光子	寛永11(1634)閏7.11
性承法親王	水無瀬氏成娘	寛永14(1637) 1.18
良仁親王(後西天皇)	逢春門院櫛笥隆子	寛永14(1637)11.16
性真法親王	逢春門院櫛笥隆子	寛永16(1639) 4.28
尭恕法親王	新広義門院園国子	寛永17(1640)10.16
幸宮(穏仁親王)	逢春門院櫛笥隆子	寛永20(1643) 4.23
良賢親王(尊光法親王)	四辻季継娘	正保2(1645) 9.25
聡宮(道寛法親王)	逢春門院櫛笥隆子	正保4(1647) 4.28
登美宮(真敬法親王)	新広義門院園国子	慶安2(1649) 4.24
玲瓏宮(尊証法親王)	新広義門院園国子	慶安4(1651) 2.10
英宮(盛胤法親王)	四辻季継娘	慶安4(1651) 8.22
高貴宮(霊元天皇)	新広義門院園国子	承応3(1654) 5.25

九日、京に到着した。表向きの返事は、将軍家綱は若年（十四歳）で、朝廷の事情に詳しくないので、関白二条光平が取りはからうようにというものであった。しかし、その一方で、品川は東福門院に「武命」を伝えている。花町宮良仁親王のことを、将軍家綱はよく知らないので、天皇としてふさわしくない行動があった場合は、時期を選ばず高貴宮に譲位させるよう、東福門院がはからうようにという内容だった。つまり、良仁親王から高貴宮への譲位の時期につい

ては、東福門院を経由する形で、幕府が関与できることを事実上認めさせるものだった。家綱が若年であったことが、より東福門院を前面に立てる「武命」になったのであろう。

この「武命」は、法皇にも伝えられた。法皇が正直どう受け止めたのかは不明だが、とりあえず良仁親王、ついで高貴宮が皇位を継承することを、幕府が承認したことに安堵した。そのため、法皇と東福門院が喜悦していると、関白二条光平から書状で将軍家綱に伝えられたのである（「宣順卿記」）。

京極局に院号宣下

ところで、品川が江戸を発った十月五日、朝廷内では、後光明天皇の生母京極局（光子）に准后《じゅごう》（准三宮《じゅさんぐう》）ならびに院号宣下を行う話が、内々進められていた。この日、中御門資熙《すけひろ》は関白二条光平に呼ばれ、右の宣下を、「密議」をもって、三条西実教が上卿、中御門資熙が弁《べん》を勤めて行うようにという、法皇の命が伝えられた。「密議」で行うのは、東福門院に憚《はばか》りがあるからだという。つまり、後光明天皇の養母である東福門院の立場を配慮した処置だった。また、天皇自身にも生前、その意思があったのだが、東福門院への憚りから沙汰できなかったのだという。そのために日付は、准后宣下・院号宣下とともに天皇在位中の八月十八日とされた（「宣順卿記」）。実際に、院号宣下の宣旨が調えられたのは、十月二十五日である（「忠利宿禰記」）。東福門院と後光明天皇との母子関係に、朝廷全体がいかに気を遣っていたかがよくわかる。

後光明天皇葬送

　十月十五日、後光明天皇の葬送が行われた。葬列は、仮内裏を出発して泉涌寺《せんにゅうじ》境内の式場まで進んだ。葬送に関わる準備は、京都所司代をはじめ幕府方の役人が担当した。そして今回、天皇の遺体は火葬ではなく土葬とされ、泉涌寺境内に埋葬された。

　十一月三日、良仁親王（後西《ごさい》天皇）は、当面、花町宮邸を仮内裏として用いることになり、この日、木作始があった。陣座や殿上など少々仮屋を建てる事になったのである。翌日には、法皇が花町宮邸に御幸した。十八日、中断していた内裏の造営も再開された。その前々日の十六日には、践祚《せんそ》日が二十八日と定まった。二十七日、践祚の習礼が行われ、当日を迎えた。

供養

　この間、十一月十一日には、後光明天皇の四十九日の御経供養が、法皇を施主として行われ、十六日には、葬礼から三十一日目にあたるため、内侍所前庭で吉田兼起《よしだかねおき》による清祓《きよはらい》が行われた。この日、良仁親王も仙洞御所に渡御している。さらに、二十一日、泉涌寺で石塔供養も行われた。

　後光明天皇が九月二十日に没してから、継躰《けいたい》が発表されるまでに二十日ほどを要し、それから、後西天皇の践祚までが一ヵ月半以上である。近世ではもっとも長い空位の期

東福門院、後西天皇を養子とする

間となった。なお、践祚の二日前に、後西天皇が東福門院の養子となったことが、関白二条光平から他の摂家衆に触れられている。やはり、東福門院と皇位継承者との間には母子関係が結ばれたのである。

後西天皇は、寛永十四年（一六三七）十一月十六日生まれで、生母は櫛笥隆致の娘隆子である。翌年一月二十九日、名を秀宮《ひでのみや》とし、内々に近衛信尋の猶子とされた。信尋は、巳刻（午前十時）仙洞御所に入り、午刻（正午）からこの儀に臨んだ。信尋と秀宮との間で盃が交わされたが、御酌をしたのは隆子の兄弟である櫛笥隆朝《たかとも》と園池宗朝《そのいけむねとも》であった（『本源自性院記』）。

正保四年（一六四七）十一月二十七日、秀宮は、高松宮の旧跡を継ぐため、高松宮邸（故新《しん》上東門院《じょうとうもんいん》御所）に居を移した。高松宮家は、法皇の弟好仁《よしひと》親王を初代として設立された親王家であるが、好仁親王は寛永十五年に死去した。男子に恵まれず、後室寧子（東福門院の姪、徳川秀忠の養女）と二人の姫宮が残されていた。

慶安元年（一六四八）七月十九日、親王宣下があり、秀宮は良仁と名付けられた。慶安四年十一月二十五日、仙洞御所で元服の儀が執り行われた。加冠は関白近衛尚嗣、理髪は坊城俊広《ぼうじょうとしひろ》が勤めた。さらにこの日、三品に叙せられ、式部卿に任じられた。なお、高松宮という家号は、花町宮に改められた。

承応二年（一六五三）一月二十一日、一品に叙せられ、七月には江戸に下向し、将軍家綱らと対面をした。そして、承応三年、皇兄後光明天皇の死という思わぬ事態で、皇位を継承することになったのである。この年六月、好仁親王の長女明子女王との間に、八百《やおの》宮《みや》が誕生していた。

践祚の翌日、法皇と東福門院は、後西天皇の仮内裏に御幸した。十二月一日には、将軍家綱の賀使今川直房が仮内裏に参内し、天皇に銀三千両などを献上した。

内裏完成

翌明暦《めいれき》元年（一六五五）十月十一日、新造内裏で七日間の安鎮法が行われた。これを勤めたのは、三日前に天台座主《てんだいざす》に補せられ、前日に天皇の護持僧《ごじそう》となった尊敬法親王である。結願の十七日には、後水尾法皇、東福門院、明正上皇も御幸した。二十一日、新造内裏の上棟が行われ、ようやく内裏が完成した。

後西天皇、内裏に還幸

十一月二日、後西天皇の新造内裏への遷幸と内侍所渡御の日時定が行われた。またこの日、法皇、明正上皇、東福門院をはじめ、宮門跡らもこぞって新造内裏に集まり、御殿や宮中を巡覧した。五日、仮内裏で行幸の習礼が行われ、十日、天皇は新造内裏に遷幸した。十四日には、内侍所の渡御も行われた。内侍所仮殿は、花町宮邸の仮内裏が狭少だったため、後光明天皇の仮内裏、つまり仙洞御所に設けられていた。

後西天皇の内裏への移徙にともない、女御となった明子女王と皇女八百宮、皇子若宮（明暦元年五月十四日生まれ）も内裏内の女御御殿に移った。このため、花町宮家は以後しばらくの間、空主となる。

後西天皇即位

明暦二年一月一日、四方拝《しほうはい》と元日節会が行われ、天皇も出御した。四日には、法皇、明正上皇、東福門院が御幸した。七日、即位の由奉幣使の発遣を十九日、即位の儀を二十三日とすることが発表された。そして、二十三日、紫宸殿で即位の儀が、無事執り行われたのである。

四　東福門院と後水尾上皇

東福門院は、夫後水尾上皇とともに、禁裏や新院御所に御幸するほか、女二宮や女五宮の婚家（近衛邸と二条邸）にも時折御幸した。さらに、後水尾上皇が洛北に山荘を造営したいという意思を持ったことから、上皇の洛北御幸にもしばしば同行することになった。入内以後、女御・中宮《ちゅうぐう》時代にはできなかった外出が、女院になったことで可能になったのである。

上皇の思いは修学院《しゅがくいん》造営に結実することになるが、これについては、熊倉功夫氏の『後水尾天皇』に詳しく述べられている。

長谷御幸

正保《しょうほう》四年（一六四七）十月六日、東福門院は上皇とともに、長谷《ながたに》に松茸狩りに出かけた。長谷村には聖護院《しょうごいん》の山荘があった。当時の聖護院門跡は、上皇の異母弟道晃《どうこう》法親王である。京都所司代板倉重宗が先駆を勤め、院参衆《いんざんしゅう》らが供奉したが、これはお忍びの御幸だった。

後水尾天皇画像（泉涌寺所蔵）

岩倉御幸

慶安元年（一六四八）二月二十二日、今度は岩倉《いわくら》に御幸した。今回は女三宮も同道していて、東福門院、女三宮、その他女中衆の乗り物は三十丁になったという。やはり板倉重宗が騎馬で先駆を勤め、女中衆の乗り物の後ろに、女院附野々山兼綱が騎馬で供奉した。その他、公家衆や官人、僧らは肩輿もしくは徒歩でお供を

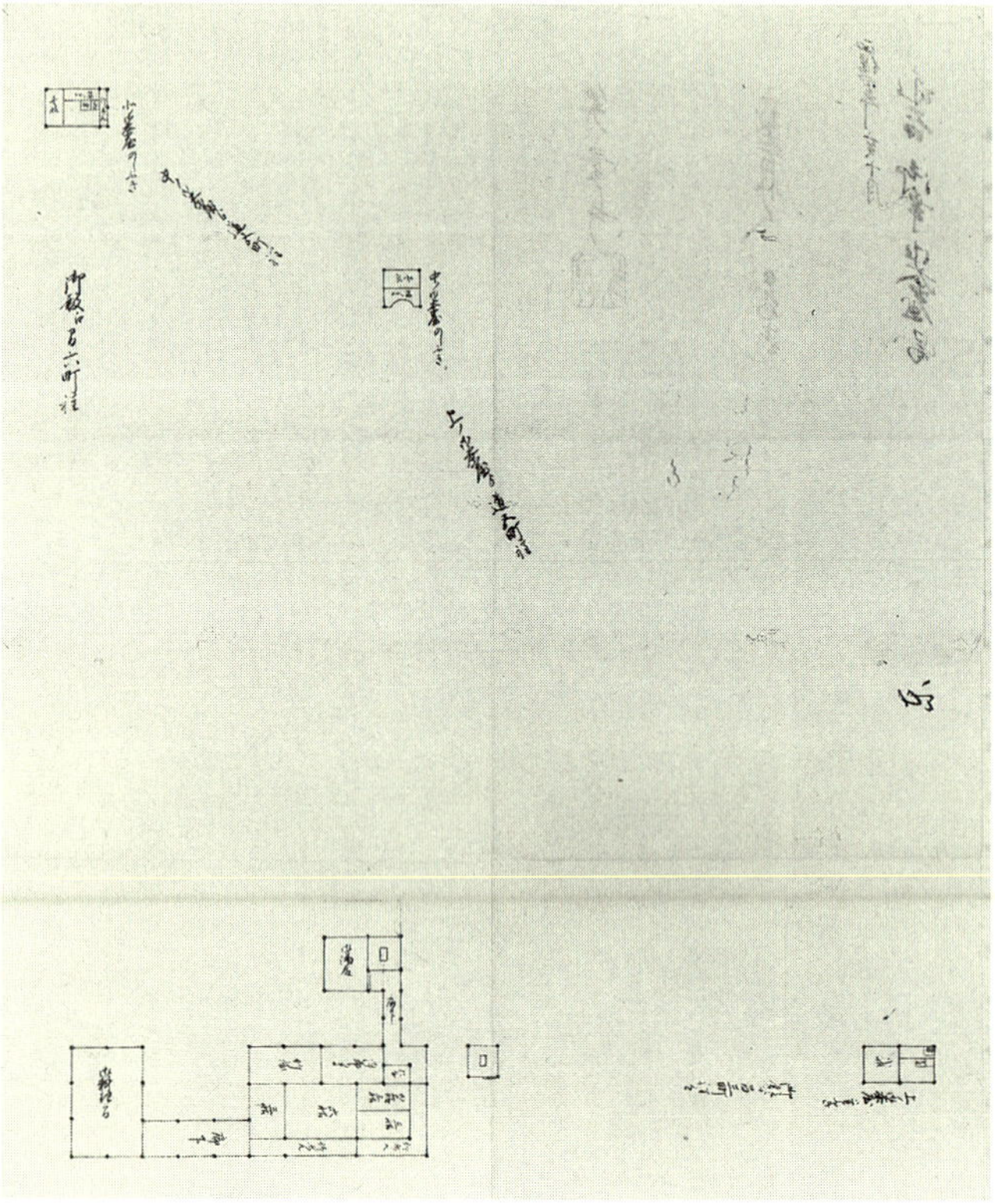

長谷御茶屋指図（宮内庁書陵部所蔵）

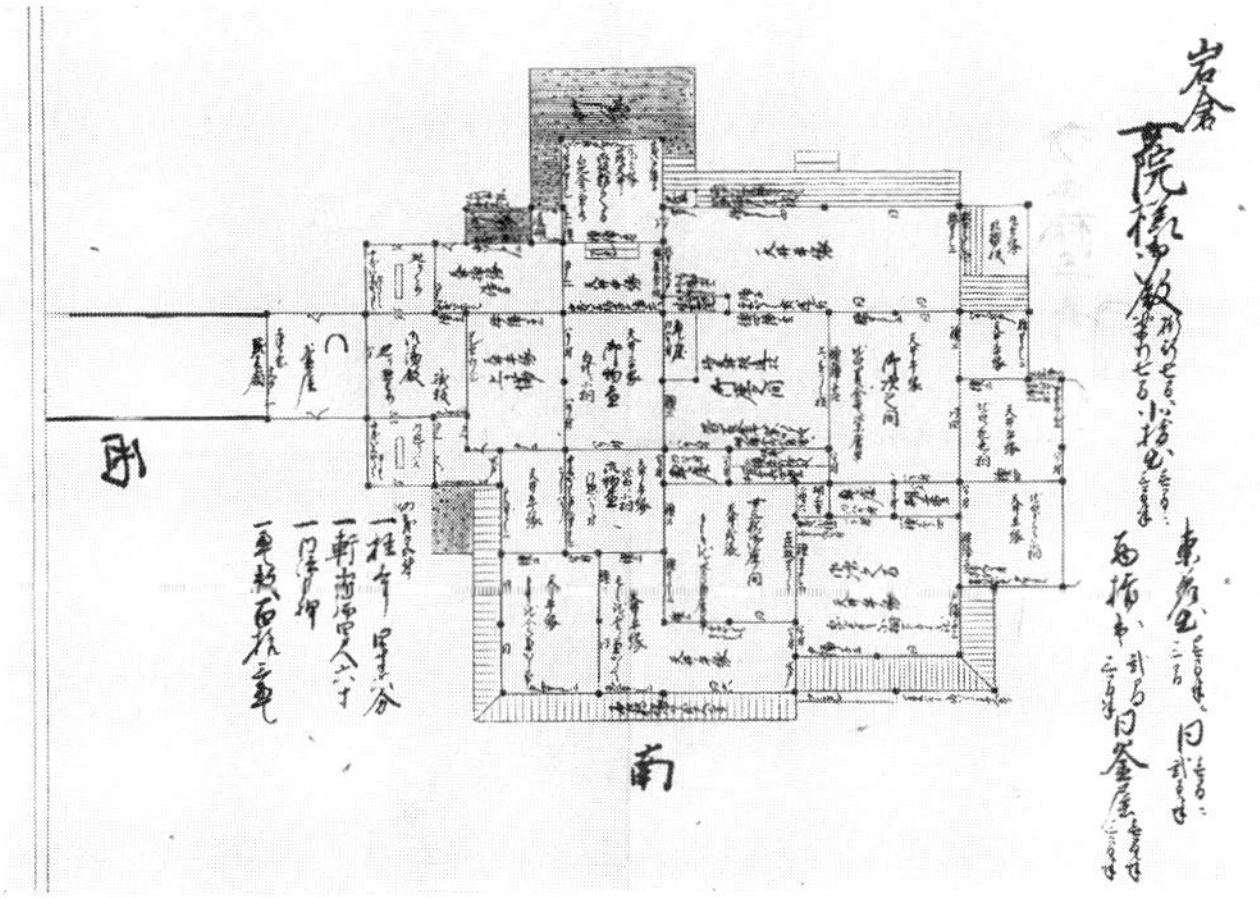

岩倉御殿小指図（女院御殿、宮内庁書陵部所蔵）

している。

岩倉村には実相院《じっそういん》があった。実相院は中世末の戦火で荒廃したが、寛永年間に上皇と東福門院の援助で復興し、実相院の北にある大雲寺《だいうんじ》もこのおり再建され、実相院門跡の兼帯となった。また、同じく寛永年間に、二条城二の丸の御殿・御台所・御風呂屋が女三宮に譲られ、これを移築して建てられた岩倉御殿（女三宮の山荘）もあった。さらに、故後陽成上皇に仕えた三位局（道晃法親王の生母、寛永十五年当地に隠栖《いんせい》）の御殿があるなど、岩倉は早くから天皇家ゆかりの地であった。

一行は、上賀茂《かみがも》に立ち寄ったあと、岩倉に到着した。岩倉では所々に番所が設けられ、所司代・女院附が番侍を詰めさせていた。この日の朝饗は、三位局が御膳を上げ、公家衆らの朝食も、三位局の振舞いであった。このあと上皇に従って東福門院らも、山頂に向かった。同行した鹿苑寺《ろくおんじ》鳳林承章《ほうりんじょうしょう》によれば、途中に茶屋があり、特に山上の茶屋には床飾りなどが施されていて驚いたという。実相院門跡の義尊（三位局の子、父は足《あし》利義広《かがよしひろ》）も案内のため登山した。

下山後の晩の振舞いは、「女院御弁当」とあり、幕府による振舞いであったと見られる。その後、上皇や東福門院らは長谷に逗留したが、供奉した公家衆が逗留できる宿がなかったため、園池宗朝や医師など数名を除き、ほとんどは帰宅した。還幸は二十五日であった（『隔蓂記』）。

上皇と東福門院は、その後もしばしば長谷を訪れる。たとえば同年四月二十二日には「田種」（田植え）を見に出かけ、翌慶安二年二月十一日の御幸では、五泊六日も逗留している。

そして、慶安二年九月十一日、娘の明正上皇や女三宮を伴って長谷に向い、途中上賀茂で行われた競馬《くらべうま》を見物した。この競馬は板倉重宗が催したものだという。十三日、上皇は長谷から幡枝御殿《はたえだ》に向かい、ここで観月の御会を催し、和歌を詠んだ。日が暮れて、板倉重宗は天盃を頂戴し、和歌が清書された懐紙《かいし》十枚を拝領した。板倉は感激したらしく、公家らと大酒宴を開き、謡や舞を行うなど上機嫌であった。このあと、上皇は板倉の供により長谷に戻っている。したがって、この頃までには、幡枝にも御殿が建設されていたことになる。一六日、一行は還幸した。

修学院御幸

上皇（法皇）と東福門院の長谷への御幸は、修学院が完成する頃までは、少なくとも年に二回程度は行われていたようである。『隔蓂記』で確認できる東福門院の修学院御幸の最初は、万治三年（一六六〇）五月十二日である。この日は一日、法皇による振舞いが行われた。

洛北御幸は、東福門院にとって、普段は隣り合わせとはいえ、別々の御所に住まう法皇と過ごせる貴重な機会であり、息抜きの場でもあった。しかし、万治四年（寛文元、一六六一）の御幸だけは事情が異なった。

京都大火

万治四年（寛文元、一六六一）一月十五日、関白二条光平邸で出火した火事は大火となり、内裏、仙洞御所、新院御所、女院御所と全ての御所を焼失させた。後西天皇は、白川《しらかわ》の照高院宮道晃法親王の御殿に行幸し、後水尾法皇、明正上皇、東福門院は岩倉御殿に御幸した。そして、後西天皇の女御明子女王は宝鏡院《ほうきょういん》へ、儲君の識仁《さとひと》親王（高貴宮）は妙法院へ御幸した。

天皇以下仮御所へ移徙

二月九日、明正上皇は岩倉御殿を出て烏丸資慶《からすまるすけよし》邸に移り、ここを仮御所とした。二月十八日、後西天皇は近衛基熙邸を仮内裏とし、避難先の照高院宮邸から遷幸した。女御明子女王も近衛邸に入った。識仁親王は妙法院から伏見宮邸の仮御殿に渡御した。法皇は、二月五日、岩倉御殿から伏見宮邸に御幸し、十八日、一条教輔《いちじょうのりすけ》邸を仮御所とし、ここに御幸した。このことからわかるように、岩倉御殿に一番長くとどまっていたのは東福門院で、二月二十三日、一条邸に移り、法皇と同居した。そのほか、故後光明天皇の遺児女一宮や、法皇の皇女緋宮、品宮《しなのみや》は今出川《いまでがわ》邸を仮御殿としている。女三宮については史料に触れられていないので、岩倉御殿にそのまま逗留していたのかもしれない。

幕府、造営準備に入る

三月二十七日、幕府は在京の京都代官小出尹貞《こいでまささだ》を内裏造営の惣奉行に任じた。八月二十一日には、御側衆《おそばしゅう》久世広之《くぜひろゆき》と勘定《かんじょう》奉行岡田善政《おかだよしまさ》を、江戸における造営担当とし、閏八月六日、十四の大名を四御所に振り分けて助役を命じた。女院御所の助役を命じられたのは、筑前《ちくぜん》国秋月《あきづき》藩黒田長興《くろだながおき》、豊後《ぶんご》国臼杵《うすき》藩稲葉信通《いなばのぶみち》、伊予《いよ》国西条《さいじょう》藩一柳直興《ひとつやなぎなおおき》の三家であった。

各御所の指図《さしず》は、この年八月頃までには京都で作成されていたと見られる。しかし、閏八月、幕府は財政引き締め政策を理由に縮小を要求し、指図は作り直された。

内裏上棟

また、四御所のうち、まず内裏と明正上皇の新院御所の作事を行い、続いて後水尾法皇の仙洞御所と東福門院の女院御所の作事を行うことになった。寛文二年四月五日、内裏木作始の日時定が行われ、五月二日、木作始が行われた。新院御所の木作始はそれより前の四月二十一日に行われた。五月一日に京を襲った大地震により、天皇らが一時仮殿を出て別の場所に避難するという騒ぎもあったが、御所の造営は予定通り進められた。六月二日、内侍所の立柱があり、十月二十九日、上棟の日時定が行われ、十一月五日、上棟の運びとなった。続いて十一月十三日に地鎮、十九日から七日間にわたって、安鎮法が新内裏で梶井宮《かじいのみや》慈胤《じいん》法親王により行われた。

新院御所上棟

新院御所の方は、それより先の十月十九日に上棟し、二十四日から七日間、やはり梶井宮慈胤法親王により安鎮法が新院御所で行われた。そして、明正上皇は十一月四日に新御所に移った。当初の計画では総坪数千九百七十六坪（寛永度より少し小さい）だったのが、実際には二千百二十三坪と計画より大きくなった。

両院御所造営

こうして、内裏と新院御所が無事完成したのを受け、法皇と女院の御所作事へと移り、仙洞御所の木作始が十二月二日に、女院御所の木作始が十二月三日に行われた。今回造営された仙洞御所の総坪数は二千五百六十五坪余り、女院御所の総坪数は三千八百五坪余りなので、ともに前回寛永度の御所に比べると縮小された。両院御所の敷地は東西約百七十間・南北約百五十間で、東南部に仙洞御所、西北部に女院御所があるのは寛永度と同じであるが、今回は庭が敷地東側に南北にわたって作られ、倍増している。総費用は、仙洞御所が銀三千百四十二貫五百二十三匁一分・米一万三千八十六石九斗八升二合、女院御所が銀四千二百八十四貫五百九十二匁七分・米一万五千三百五十五石六斗九五分であった。

庭の作事も含め、両院御所の作事は、当初の計画と大きく変わったが、この理由は明らかではない。ただ、その一つの原因として、仙洞御所に設けられるはずであった儲君識仁親王（高貴宮）の御殿が、寛文三年一月二十六日の践祚で必要なくなったことが挙げられる。

東福門院、高貴宮を養子とする

すでに述べたように、高貴宮は後光明天皇の没後、同天皇の養子として儲君に定められた。明暦四年（万治元、一六五八）一月十六日、五十二歳の東福門院の猶子（養子）となり（「二条殿日次記」）、十八日、親王宣下が行われ、識仁と名付けられた。同時に二品に叙せられた。これは高仁《すけひと》親王の例にならったものである。上卿は関白二条光平が勤めた。そして女院御所を「本宮」とし、諸家からの太刀の進上を受けた。十一月二十一日には、識仁親王の深曽木《ふかそぎ》の儀（髪のすそを切り揃える儀式）が女院御所で行われた（「宣順卿記」「忠利宿禰記」）。このように、東福門院が、識仁親王の「母」として一連の儀式でも位置づけられていたことが確認できる。

後西天皇譲位

その後、内裏の造営が進められているさなかの寛文二年九月、後西天皇の譲位が朝廷・幕府間で合意した。九月十八日、高家吉良義冬がこの件で上洛し、東福門院を訪れている。幕府にとって、皇位継承にやはり東福門院は欠くべからざる存在だったのである。天皇は仮内裏で譲位を行うことになり、新造内裏完成後も、そこには移らなかった。寛文二年十二月十一日、後水尾法皇の仮御所（一条邸）で、識仁親王の元服の儀が執り行われた。翌三年一月二十一日、識仁親王は新造内裏に渡御する。二十四日、仮内裏で譲位の日時定と警固固関《こげん》が行われた。上卿は左大臣鷹司房輔《たかつかさふさすけ》が勤めた。二十六日、仮内裏で譲位の儀が執り行われ、剱璽が仮殿から新造内裏へ渡御した。そして、内裏で識仁親王（霊元天皇）の受禅（践祚）の儀が行われたのである。二十七日には、内侍所も渡御した。二十九日、東福門院は法皇、明正上皇とともに禁裏に御幸している。後西上皇の禁裏への御幸は二月六日のことであった。四月二十七日、紫宸殿で即位の儀が執り行われた。

法皇・女院新造御所に移徙

さて、仙洞御所はその後、寛文三年七月二十六日に上棟し、二日後に女院御所が上棟した。安鎮法は女院御所の方が先で、七月二十九日から七日間行われ、続いて仙洞御所で八月七日から七日間行われた。これを勤めたのは照高院宮道晃《しょうこういんのみやどうこう》法親王である。八月二十一日、法皇・東福門院ともに新御所に移った。なお、女院御所内には、常御殿の北側に女三宮の御殿が作られているので、女三宮は東福門院と同居していたと考えられる。庭はこのときまだ完成しておらず、翌年六月に庭開きが行われた。

仮御所で過ごしていた時期にも、法皇はしばしば修学院などに御幸しているが、東福門院が洛北に御幸したことが確認できるのは、寛文三年三月二十三日である。この日は、法皇、明正上皇とともに修学院離宮と岩倉に御幸した（『隔蓂記』）。

後西上皇の御所造営

譲位した後西上皇の御所造営は、その後取りかかられた。その敷地は、万治《まんじ》四年の火事で焼失した二条邸跡地とされた。内裏の南、仙洞御所・女院御所の西にあたり、東西約八十六間・南北約九十五間であった。建物の総坪数は二千九百七坪である。寛文三年十二月二十一日、木作始が行われ、翌四年八月八日に上棟の運びとなる。そして、八月十日から七日間、妙法院宮尭恕《みょうほういんのみやぎょうじょ》法親王により安鎮法が行われた。二十一日、卯刻（午前六時）後西上皇は新御所に移り、辰刻（午前八時）女御明子女王もこれに続いた。女御御殿は院御所の北側に配された。

洛北御幸

譲位して新院と称されるようになった後西上皇は、新院御所への移徙後まもなくの九月四日、法皇、東福門院、明正上皇とともに、長谷へ茸狩《きのこがり》に出かけて遊び、夜十時過ぎに還幸した（「重房宿禰記」）。その一週間後には、再び四人で、修学院に御幸している（『隔蓂記』）。すべての御所が完成して、平常の生活が始まったところで行われた、この洛北御幸は、四人にとって心華やぐものだったのではなかろうか。

東福門院は、その後も大法皇に同行して、ときおり修学院や岩倉に御幸している。娘明正上皇を伴うことも多かったが、これは親子三人でとの思いと同時に、幕府によって御幸を規制された明正上皇を気遣ったものでもあったろう。また、寛文年間も後半になってくると、法皇の娘品宮や故後光明天皇の娘女一宮らを誘うこともあった。

東福門院と法皇皇女

たとえば、寛文十一年九月十一日、法皇、東福門院、明正上皇は岩倉に御幸するが、品宮と女一宮は同道して岩倉御殿に参り、三人の到着を待っている。ここで合流して、御膳をともにした。その後、長谷の聖護院に出かけ、山で松茸狩りを楽しんだ。法皇はこのあと幡枝の松茸狩りに公家衆を連れて出かけたが、品宮ら女性たちは東福門院の側に残り、東福門院と明正上皇が実相院に出かける際、供をした。法皇が還御すると、全員で岩倉御殿に戻り、御膳をともにし、夜、三人が還幸し、品宮らも帰宅した（「无上法《むじょうほう》院殿御日記《いんでんごにっき》」）といった具合である。東福門院が、法皇につながる皇女らとの交際にも気配りしていた様子が窺える。

東福門院は法皇とは異なり、一人で御幸することはきわめて少なかった。将軍家の娘という立場から、警護の問題もあり、外出には気を使っていたのかもしれない。ただ、「无上法院殿御日記」には、たとえば、寛文十二年五月に岩倉へ、寛文十三年（延宝《えんぽう》元、一六七三）三月に修学院へ、一人で御幸したことが記されているので、たまには、こうした外出も楽しんだようである。

寛文十三年五月九日、再び京は大火に見舞われ、内裏、仙洞御所、女院御所、新院御所が焼失した。内裏の北側にある本院御所は幸いにも焼失を免れ、明正上皇はいったん避難したものの還幸した。霊元天皇は、聖護院宮邸に避難したあと上霊社に移った。法皇と後西上皇は、白川の照高院宮邸に避難し、明正上皇と東福門院は二条光平邸に避難した。その後、天皇は近衛基熙邸に行幸して、ここを仮内裏とした。

法皇は有栖川宮《ありすがわのみや》邸に、後西上皇は八条宮《はちじょうのみや》邸に移った。有栖川宮というのはもと花町宮で、後西上皇の皇子幸仁《ゆきひと》親王が相続したのち、宮号を有栖川に改めていた。八条宮家の当主は後西上皇の第一皇子長仁《おさひと》親王であった。東福門院は二条邸にそのまま逗留した。「重房宿禰記」によれば、東福門院が仮の御在所としたのは娘女五宮（二条光平室）邸だったという。六月二十六日、東福門院は仮殿と定められた一条内房《うちふさ》（兼輝《かねてる》）邸に移り、二十八日、法皇もまた一条邸に移った。

両院御所再建

このように、法皇と東福門院が、寛文度造営の御所で過ごせたのはわずか十年であった。幕府は再び御所再建に取りかかった。今回は、法皇の年齢が考慮され、内裏より先に造営することになった。火事の翌月にはすでに準備が始められており、九月五日、法皇御所の木作始が行われ、十月八日常御殿が立柱した。そして、十二月七日から梶井宮盛胤法親王によって安鎮法が修せられた。実はこのときまだ御所は完成していなかったが、翌年は仮殿からの方角が悪いとの陰陽寮《おんようりょう》の申し入れにより、十二月十九日の移徙が先に決定し、逆算してこの日から安鎮法が行われたのである（『妙法院史料』）。十二月十五日、常御殿が上棟し、十九日、法皇は新造御所に移った。

女院御所は、十二月八日に木作始が行われ、翌延宝二年（一六七四）三月二十七日立柱、八月二十三日に上棟した。九月六日から梶井宮盛胤法親王によって安鎮法が行われた。

十九日、東福門院は新造御所に移った。

規模縮小

両院御所は、急いで作事されたため、規模は縮小された。とりわけ、仙洞御所は総坪数千七百五十坪で、急工事であったことを証明している。女院御所は三千四百九十八坪余りで、仙洞御所の二倍になる。こうして造営された御所であったが、延宝四年十二月二十七日、仙洞御所広御所からの失火で、両院御所とも再び焼失する。

五　東福門院と大通文智

梅宮

東福門院にとって、入内時から心に掛かっていた存在が、後水尾天皇の第一皇女梅《うめの》宮《みや》である。入内が延引する原因となった梅宮は、東福門院の入内時には生後一年、二歳であった。まだ物心のつく前のことだったが、二年後、同母兄賀茂宮《かものみや》を失った。『本朝《ほんちょう》皇胤紹運録《こういんじょううんろく》』に、その名さえ記されなかった後水尾天皇の第一皇子である。

梅宮にしても、寛永八年（一六三一）七月二十二日、十三歳で鷹司教平と婚姻するまで、元和九年十一月十九日に行われた深曽木の儀のほかは、めったに記録には表れない。寛永三年に行われた二条城行幸の際も、当然のことではあるが、渡御していない。常に一人、蚊帳《かや》の外に置かれていた。

寛永六年、父後水尾天皇が突然、異母妹明正天皇に譲位し、翌年明正天皇の即位も無事執り行われて一段落すると、梅宮の将来が検討され始めたものと思われる。当時、皇女の進む道は、摂家に嫁ぐか、比丘尼《びくに》御所に入寺するかであった。それは、後陽成天皇の皇女たちをみればわかる。二人の皇女が鷹司家と二条家に嫁ぎ、六人の皇女（早世を含む）が大聖寺と光照院に入寺した（宝鏡寺には鷹司信房《のぶふさ》の娘、曇華院《どんげいん》と中宮寺《ちゅうぐうじ》には伏見宮家の娘が入っていた）。

梅宮婚姻

梅宮の場合は、摂家に嫁ぐ道が用意された。相手は伯母清子内親王所生の鷹司教平であった。教平は梅宮より十歳年長の二十三歳、当時は権大納言で左大将に任じられていた。教平の父鷹司信尚《のぶひさ》はこの十年前、三十二歳の若さで病没している。

梅宮離縁

しかし、この結婚はわずか三年で終止符が打たれた。近世を通じて離縁した皇女はこの梅宮だけである。理由は病気だったともされるが、明らかではない。ただ、出生以来、不遇な幼少期を過ごした梅宮には、遁世《とんせい》への想いが強かったようである。摂家当主の内室としての生活は、心に添うものではなかったのであろう。

時をほぼ同じくして、父後水尾上皇が仏の道に傾倒していくようになる。少年期から経験した父後陽成上皇との不和、青年期以降の幕府との軋轢《あつれき》など、その背景となったものは容易に想像がつく。そして、直接の契機となったと見られているのが、一糸文守《いっしぶんしゅ》との出逢いである。

　一糸文守は岩倉具堯の三男である。岩倉具堯は久我晴通《こがはれみち》の子で、相国寺万松院《ばんしょういん》に入ったが、その後、後陽成上皇、中和門院に勤仕するようになった。晴通が近衛家の出身で、近衛家の血を引く具堯は中和門院と縁があった。岩倉家が新家として取り立てられたのは、元和年間のことである。一糸もまた中和門院に仕えたのち、沢庵《たくあん》らに法を学んだ。寛永四年得度《とくど》し、紫衣《しえ》事件で沢庵が出羽《でわ》に流されたときは出羽まで下っている。その一糸が帰京してのち、丹波《たんば》国千箇畑村《せんかはたむら》に桐江庵《とうこうあん》を結んだのが寛永十一年で、二十七歳の時であった。

　一糸と後水尾上皇との出逢いの時期は明確ではないが、上皇の実弟であり近衛家当主

近衛家・岩倉家関係図

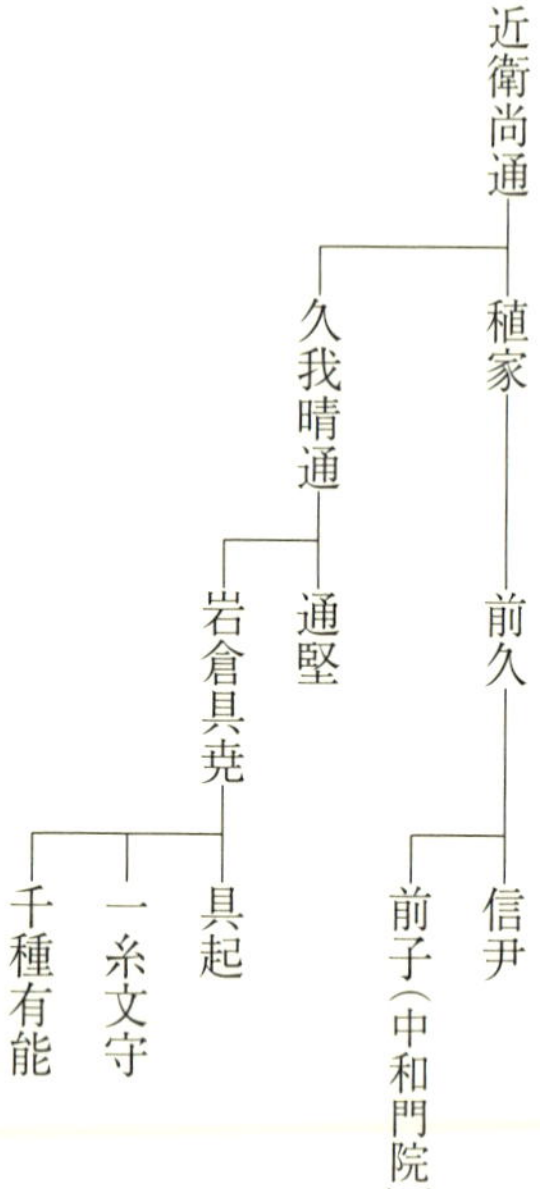

霊源庵建立

の近衛信尋もまた一糸との親交を深めていった。上皇と信尋との往復書簡のなかに一糸のことが記されたものもある。上皇は一糸を仙洞御所へ法話に招いていたが、桐江庵が遠いため、京都所司代板倉重宗と相談の上、寛永十五年、新たに西賀茂に一糸の住まいとなる庵（霊源庵《れいげんあん》）を建てた。

梅宮出家

梅宮は、仙洞御所で行われるこの法話を聞くようになり、ますます遁世の想いをつのらせた。寛永十五年十一月に、生母およつ（明鏡院《めいきょういん》）が没したことも加わり、寛永十七年、ついに剃髪して一糸の法徒となる道を選んだ。父上皇がこれを許し、八月二十八日、一糸の許で剃髪し、文智《ぶんち》という諱《いみな》を与えられ、大通と号した。

円照寺創始

寛永十八年、文智は修学院に草庵を結んだ。これが円照寺の創始となる。父上皇が洛北に山荘を経営すべく土地を探し始めた時期でもあった。文智は長く修学院に住まう意思は持っていなかった。寛永二十一年（正保元、一六四四）三月と年代比定されている一糸から文智に宛てた有名な書状に、「修学寺にはとても御すみはてなさるましきよし、すへすへはそれがよく御座候はんと存じ候、とても此世を御すて候はは、御しんるいの御一人もなき所へ御すみに候」とあり、これは、おそらくは文智に修学院を離れたいという意思があり、それを一糸も勧めている文面と考えられる。遁世を願った文智の心情からすれば当然のことであった。

しかし、その一方で「仙洞殿御一代は御かうかうのため、かたかたならせられぬ事に候まま、御のちにて此世に御なからへ候はは、必ず必ず都をは雲井のよそに御へたて候まま」とあるように、文智は父上皇への孝行のため、京を去りがたいとも思っていた。そのため、すぐに京を離れることはできなかった。

園家・一糸文守関係図

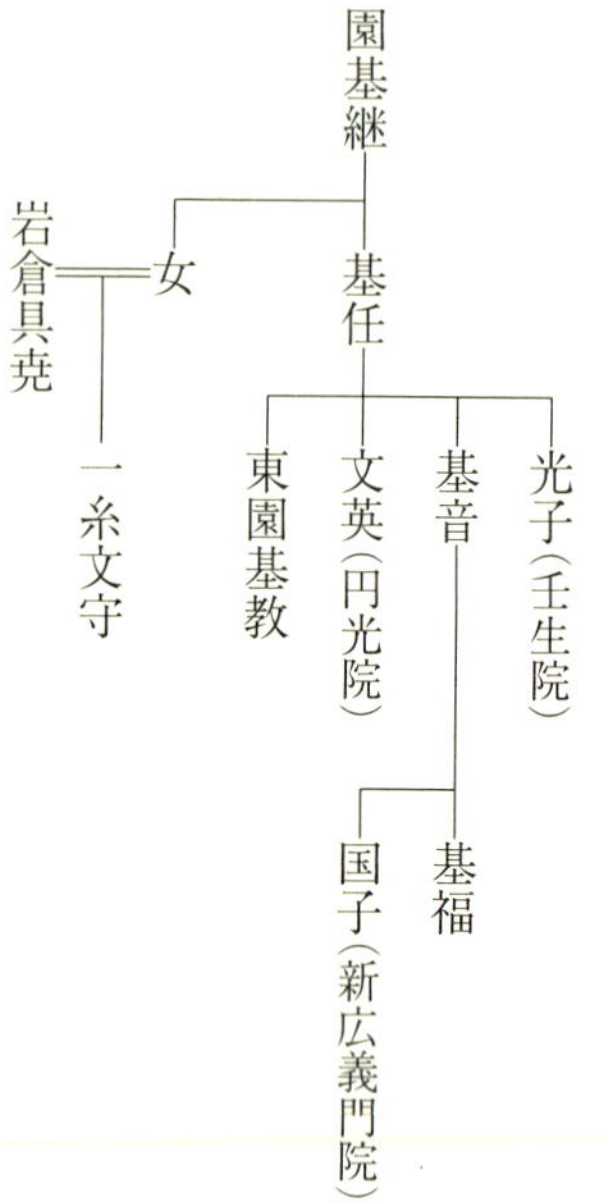

一糸文守死去

正保二年五月、文智は道晃法親王の生母三位局《さんみのつぼね》と円光院文英《えんこういんぶんえい》とともに、近江《おうみ》国永源《えいげん》寺《じ》を訪れた。永源寺は一糸が寛永二十年に転住した寺である。文英は園基任《そのもととう》の娘で、後光明天皇の生母光子（壬生院）の妹にあたる。中和門院に近侍したのち、東福門院の姉初《はつ》姫《ひめ》の夫であった京極忠高《きょうごくただたか》の継室となったが、出雲《いずも》国松江《まつえ》藩主となった忠高が子なく没したため、薙髪《ちはつ》して京に戻っていた。一糸に教えを受けたことがあると同時に、従兄妹関係にもある女性である。一糸はこの翌年三月、三十九歳で没した。

慶安三年（一六五〇）八月二十六日、後陽成上皇の忌日であったこの日、仙洞御所で比丘尼衆による観音懺法《かんのんせんぽう》が行われた。導師を文智、自帰《じき》を理昌《りしょう》、半斎焼香《はんさいしょうこう》を元昌《げんしょう》がそれぞれ勤め、その他に尼衆十二人が加わった。理昌（幼名八重宮《やえのみや》、宝鏡寺宮）は、隆子（逢春門《ほうしゅんもん》院《いん》）所生の皇女で二十歳、元昌（幼名滋宮《しげのみや》、大聖寺宮）は、光子（壬生院）所生の皇女で十四歳だった。文智らによる観音懺法は、後水尾上皇の仰せによるもので、おのおの稽古をして参勤したという。これを聴聞した近衛尚嗣は、「奇特千万感入事也」とその日記に記している。

元昌は前年十二月に得度したばかりであるが、理昌は四年前の正保三年十一月に得度した。文智は仏門に入ったこの妹に心遣いを見せ、物を贈ったり、ともに大原に出かけたりしている。

承応四年（明暦元、一六五五）三月十三日、法皇と東福門院は、長谷に御幸したが、このおり円照寺の文智を訪れ、粥《かゆ》の振舞いを受けた（『隔蓂記』）。このとき文智は「洛北修学院有幽邃地」と題する詩を作っていて、円照寺の近くに、法皇が建てた隣雲亭《りんうんてい》という建物があったことを伝えている。

文智、八島へ移住

翌明暦二年四月、文智はいよいよ京を離れる。新天地は大和国《やまと》八島《やしま》（現、奈良県奈良市内）である。文智がこの地を選んだのには、一糸の法弟知明浄因《ちめいじょういん》からの話が大きかったといわれる。この地は、伊勢国津藩藤堂家の領地の一部で、承応三年、文智は、奈良に住む叔父の一乗院宮尊覚《そんかく》法親王を通じて、藤堂家に依頼した。そして、同年九月には移住が決まったようである。ただ、この移住には幕府の承認が必要なはずで、東福門院の仲介があったと考えてよかろう。東福門院と文智との交流は、それ以前は定かでないが、文智が仏門に入った頃から徐々に深まっていたのではないだろうか。東福門院に仕えていた相模《さがみ》が、修学院住居時代の文智に従って法弟となったことも大きい。剃髪後、文海と名乗るこの女性は、東福門院の信頼も厚く、文智との間をとりもつ重要な存在となった。

女三宮と文智

また、東福門院所生の女三宮も文智とは親しく交流していたらしい。女三宮はこれまで述べてきたように、生涯独身で、比丘尼御所にも入寺しなかったが、仏の道には心惹かれていた。異母姉文智が八島に移住する際、「我こころいとけなき身に入れかへて奈良の八島に住むよしもがな」と歌を詠んでいる。

八島での生活は寛文九年（一六六九）十一月まで続く。この間、文智はときおり京に出向いた。父法皇への孝行のためであったのであろう。京には滞在するための里坊も用意された。寛文七年四月二十日、仙洞御所で、徳川家光の十七回忌追善の観音懺法が執り行われた。導師は文智が勤めた。東福門院はこれを聴聞した。

幕府、円照寺に寺領寄進

また、寛文六年から八年にかけても、何度か京に出向いていることが確認できるが、これは八島近隣の山村に寺領を得る話を進めていたこととも無縁ではなさそうである。当時の円照寺は、藤堂家から庇護されていたものの、まだ寺院としての体裁は十分整っておらず、比丘尼御所としてふさわしい形にするため、東福門院が動いた。

寛文七年、東福門院は、幕府に寺領寄進を依頼した。おそらく京都所司代を通じて行ったと思われる。円照寺に残る史料によれば、「知行のことは末代までのことなので、寺地となりそうな山も寄進してほしいと考えておられる。どうかよく世話をして進上してもらえれば、大変御満足にお思いになられる。東福門院様はそのように仰っておられるので、よろしく手配をしてほしい」という内容の書状が、所司代に伝えられている。当時の将軍家綱は叔母東福門院の願いを入れて寺領寄進を決定し、同年十一月五日、東福門院付きの宣旨局《せんじのつぼね》にあてて知らせた。

東福門院の指示

これを受けて、東福門院は、所司代に対して細かな指示を出した。

一円照寺様御知行所山村の内御寺地山の事、寺領二百石とは別に、屋敷の分を寄進し、年貢のことだけでなく、寺地内の百姓支配も円照寺が行えるように。
一東の方に大やく原という屋敷に続く山がある。この山は屋敷の外になるけれども、屋敷を見下ろしてどうかと思う。これも屋敷の内に入れるように。

屋敷というのは円照寺の建物および敷地のことを指す。つまり、周辺の山も寺地に加えるようにと指示したのである。そして、東福門院はこれらの願いを当初からの願いであるとし、所司代に、「いかやうにも公儀向きよろしきやうに御さたして進上候やうにと申せ」と命じた。

この内容から、東福門院が、円照寺の寺領にしようとした山村の地理に詳しかったことが窺える。これは、文智自身か、もしくは文海を通じて詳しく話を聞き、文智の意を幕府に代弁したことを物語っている。

円照寺の寺域

寛文八年八月五日には、家綱から寺領二百石の朱印状が発せられた。また、寛文九年二月二十九日に、奈良奉行土屋利次《つちやとしつぐ》が山村の庄屋らに出した覚えによって、円照寺の寺域なども確認できる。これによると、広さは、山村領内入相の野山で坪数五万四千坪、ほかに西の方にて見込みの山で坪数七千五百六十坪、寺域は、東は「大やく原」、西は

文智の詩

「桧峠の麓」、南は「作場道」、北は「八島領」を限りとするとされた。

同年四月二十日、普請が始まり、八島村から円通殿《えんつうでん》や方丈《ほうじょう》が山村に移された。東福門院からは金千両が贈られた。そして十一月十二日、文智は山村に移った。

文智は、この一連の移住問題（寺領問題）における東福門院の行動に深く感謝していた。文智が東福門院付きの宣旨局と綾小路局《あやのこうじのつぼね》に送った書状の案文には、「ひとへに女院御所様御かけとさてさてかたしけなさ申しつくしかたくあさからずおもひ参らせ候」と記されている。さらに、江戸（将軍）にも老中にも御礼の気持ちを伝えてほしいと希望した。

また、文智が東福門院への思いを詠んだ詩も残っている。

思碧潭

君在洛陽我嶺南　屢雖飛錫侍清談
思看宮裡凭欄日　玉兎移輪浸碧潭

この詩には、文智自らが注をほどこしている。たとえば、「思碧潭」には「御ゆかしさにつきてへきたんを思ひ出しておもふ也」とある。「君」は東福門院を指す。この注にしたがって、現代語訳すれば、「東福門院は都、自分は南の国と遠く離れて暮らしている。さいさい訪ねることも成りがたく、御前で清き物語がなされているときもお側に

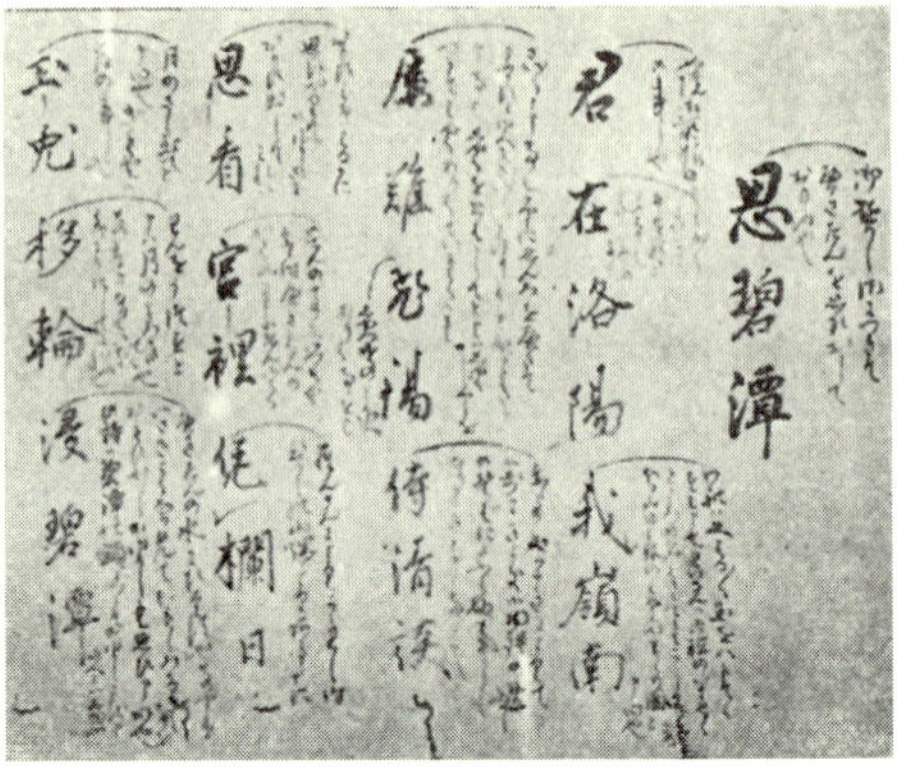

「思碧潭」（大通文智筆、円照寺所蔵）

いることは成りがたい。はるかに思いやりて御ゆかしさを思い出してみれば、いつぞやお訪ねしたおり、御殿の碧潭《へきたん》の額の側で欄干《らんかん》に寄りかかった時、東の山の端からさし出た月が円かな姿を水に映し、その様子が碧潭の水に浸っているようだった」となる。御所で東福門院と過ごしたひとときの思い出を詩にしつつ、文智にとって、東福門院が「ゆかしい」人であることが詠まれている。

円照寺加増

延宝三年（一六七五）閏四月二十六日、女三宮（昭子内親王）が没した。この女三宮の生前からの希望であったとして、延宝六年四月、女三宮の知行千石のうち百石が文智に贈られることが、幕府の承認を得て決定した。もちろん、幕府に口添えしたのは東福門院である。こうして、円照寺の寺領は三百石になった。

文智は仏道に精進しつつも、法皇や東福門院、弟妹たちとの交流も大切にしていた。

仏門に入ったことで、心の安寧を得られた結果なのかもしれない。そして、法皇、東福門院をはじめ、弟妹の明正上皇、女三宮、後光明天皇、後西上皇らを見送ったのちの元《げん》禄《ろく》十年（一六九七）一月十三日、七十九歳で没した。

六　東福門院の趣味・趣向

東福門院は、しばしば「派手好き」「衣裳狂い」などと評されることがある。これは京の呉服商雁金屋《かりがねや》に残された文書類に端を発する。将軍の娘として、当時、経済力の十分なかった天皇家に嫁いだ東福門院は、以後、生家の財力を活用した。「慶光院《けいこういん》文書」の中に残される東福門院の書状三通は、寛永十年（一六三三）から十二年頃のものではないかと推定されているが、内容はいずれも兄徳川家光への金の無心で、慶光院周清《しゅせい》にその取り成しを頼んでいる。その文面の中に「江戸にてとしとしかねおひたたしくたされ候」などの文言が見られ、毎年、東福門院には、幕府から多額の金銭援助があったことを確認することができる。寛永十五年の「大内日記」には、毎年金二千両が遣わされていたと記されており、年代が下るが、寛文三年（一六六三）頃の「禁裡御知行幷公家知行付」には、女院御所の御料として、毎年江戸から金子千両ずつが遣わされ、そのほかに銀三百貫目、御賄方入用の米千六百石、「被召仕衆御切米」三千七百石と記載されている。

雁金屋

呉服商雁金屋の主である尾形《おがた》家は、近江国小谷《おだに》城主であった浅井長政《あざいながまさ》の家来筋といわれ、その縁で長政の娘である淀殿《よどどの》（茶々）・常高院《じょうこういん》（初）・崇源院（お江与《えよ》）の三姉妹から贔屓《ひいき》にされた。慶長七年（一六〇二）から八年にかけた二年間の注文控え帳である「御染地之帳」には、注文主として三姉妹とそれぞれの婚家である豊臣《とよとみ》家（高台院《こうだいいん》・秀頼《ひでより》）・京極家（高次《たかつぐ》）・徳川家（家康・秀忠）らの名前が並んでいる。さらに、慶長十九年に大奥老女が出した注文書には、家康・秀忠・お江与のほか、娘婿にあたる松平忠直《ただなお》・京極忠高《ただたか》や、秀忠の弟である徳川義直《よしなお》・頼宣《よりのぶ》・頼房《よりふさ》などの分まで取りまとめて注文している。これが、元和《げんな》二年（一六一六）になると、孫（珠姫《たまひめ》や勝姫《かつひめ》の子）たちの分も加わってくる。雁金屋は、江戸城大奥から膨大な注文を受けていたのである。

女御和子の注文

お江与の娘である東福門院もまた、雁金屋を贔屓にした。元和九年、当時女御であった東福門院（和子）の注文を受けた雁金屋が、その代金請求のため、翌寛永元年（一六二四）九月二十三日に書き上げた帳簿が残されている。この表紙には「女御様御めしの御ふく同御つかいこそて上申候帳」と記されていて、和子が自分の着用分の呉服と、自分に仕える女官たちの小袖《こそで》をまとめて注文したことがわかる。御遣い小袖は全部で四十五領あり、雁金屋はこれを十二月一日に十領、十二月九日に十五領、十二月十三日に二十領と三回に分けて納入した。この代金は銀五貫五百六十四匁である。一方、女御和子着用分は反物《たんもの》で納入された。内訳は綸子《りんず》地の染め物が二反、龍文《りゅうもん》の綸子地の染め物が一反、練《ね》り地の染め物が四反で、合計七反となり、それぞれ裏に使用する紅染め羽二重《はぶたえ》が一反ずつ付けられたから、反物数で言えば全部で十四反となる。この分の代金は銀二貫三百匁。したがって合計すると七貫八百六十四匁になる。これは、同年の江戸城大奥、つまりお江与からの注文総額三十六貫六百三十一匁の約五分の一にあたる。

衣服の下賜

御遣い小袖が四十五領とあるように、東福門院は若い頃から衣服を下賜することが多かったようである。享保《きょうほう》十九年（一七三四）に刊行された『本朝世事談綺《ほんちょうせじだんき》』には、「寛永のころ、女院の御所にて好ませられ、おほくの絹を染させられ、宮女・官女・下つかたまでに賜る、此染、京田舎にはやりて御所染と云」と記されている。また、井原西鶴《いはらさいかく》の作品にも「御所染」という文言が散見される。つまり、下賜された小袖が町方にも広がり、そのことによって女院御所から小袖染色の流行が生まれたと推測される。

雁金屋関係の文書類の中には、万治《まんじ》四年（寛文《かんぶん》元、一六六一）の「御画帳」、寛文三年の「御絵帳」、寛文四年の「御用雛形帳」などの注文控えである衣裳図案帳があり、一部記されている注文主から、これらが東福門院の御所からの注文であることが確認されている。注文主としてしばしば登場する「女三宮様」は生涯独身であった昭子《あきこ》内親王、「女五宮様」は二条光平の内室となった賀子《よしこ》内親王で、ともに東福門院所生の皇女である。このとき女二宮はすでに亡い。

さらに「二条姫君様」は賀子内親王の娘で、寛文元年六月二十七日、四代将軍徳川家綱の弟綱重《つなしげ》との縁組が成立し、翌二年九月七日江戸に到着、十日に婚姻している。そのためか、「御用雛形帳」には「甲府姫君様」と記されている。この縁組は、家光の依頼で綱重を養育していた天樹院《てんじゅいん》（千姫）が妹の東福門院に相談して成立させたものと考えられる。そのほか、「御台様」「鷹司様姫君様」が見られるが、「御台様」は将軍徳川家綱の御台所顕子女王で、伏見宮貞清親王の娘にあたり、明暦三年（一六五七）に婚姻した。「鷹司様姫君様」は鷹司教平の娘信子《のぶこ》で、寛文三年十月十五日、家綱の弟綱吉《つなよし》（のちの五代将軍）との縁組が成立し、翌四年九月十二日江戸に到着し、十八日に婚姻した。したがって、六月二十三日付けの小袖七領は、花嫁道具の中に含まれる衣裳だったのであろう。

衣服法令

寛文三年十月十五日、幕府は衣服代金の上限を定め、江戸および京の呉服師に通達した。これによると「女院御所姫宮方上之御服」は白銀五百目を、「御台様上之御服」は白銀四百目を、「御本丸女中上之小袖」は三百目をそれぞれ上限としている（『御触書寛保集成』）。河上繁樹氏が述べられているように、寛文四年の「御用雛形帳」に代金が書き入れられているのは、この通達の影響であろう（「雁金屋の『御用雛形帳』について」『花洛のモードーきものの時代ー』所収）。

「御用雛形帳」には、小袖九十九図、帷子七十四図、帯十五図が載せられている。このうち四百目を越える小袖・帷子が百五十三点にのぼり、注文主が東福門院や姫宮方であったことを裏付けている。ただし、注文主が記されている「御台様」の小袖一点は五百目、「甲府姫君様」の帷子一点は四百三十目で、通達が守られているとはいえない。これは東福門院の誂《あつら》えということで、姫宮に準じる扱いがされたものと思われる。最高金額の五百目の小袖は八十四点を数え、その多くが東福門院の注文と推定されるが、こうした支出は、倹約を押し進めようとする幕閣にとっては頭の痛い問題でもあった。

稲葉正則の考え

寛文五年十二月十一日、老中稲葉正則《いなばまさのり》邸で稲葉と林鵞峰《はやしがほう》が神道や儒学、倹約令などについて話し合った際、稲葉は「方今皇太后好着美服、一衣価無量」と述べている。寛

東福門院と倹約令

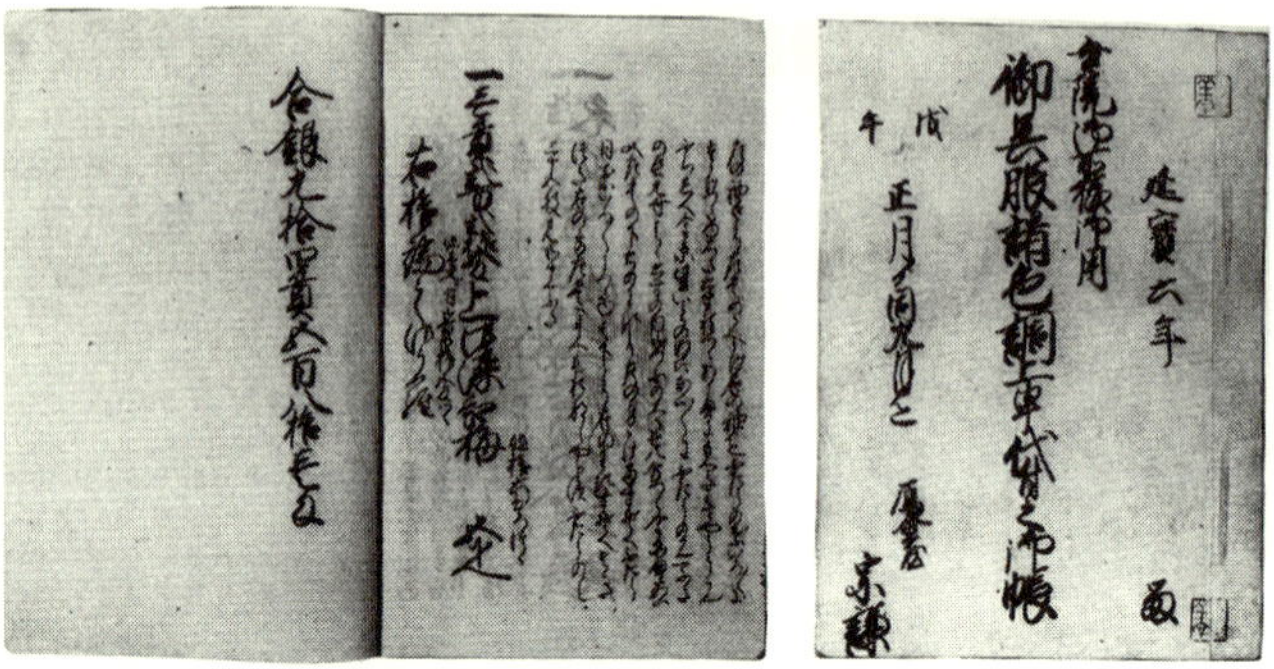

雁金屋東福門院御用呉服書上帳（文化庁所蔵）

文八年二月二十七日にも、稲葉は「朝廷過奢、衣服玩具皆華美」と発言しており、東福門院を中心とする後宮の嗜好が、倹約令の実効を妨げるものと認識していたことを窺わせる（『国史館日録《こくしかんにちろく》』）。そして、同年三月二十五日、幕府は「禁中・御所方女中衆衣服軽く、諸道具美麗にこれ無き様に然るべし」とし、後宮に倹約を求めた。さらに四月、女院附に対して、女院御所の賄いなども軽くするよう、宣旨局・綾小路局に内々申し達するように命じた（『教令類纂《きょうれいるいさん》』）。

しかし、東福門院が没する延宝六年（一六七八）の「女院御所様御用御呉服諸色調上申代付之御帳」には、小袖九十九点、帷子九十六点が記されている（没後の九月の日付まである）。このうち「女院御所様御めし」と明記されたものは、小袖八十七点、帷子七十点で、うち最高額の五百目の小袖が七十一点を数える。なお、小袖九十九点中十点は、「御遣物」（女官らへの下賜分）である。代金は総額で銀九十四貫五百八十一匁に及ぶ。また、この書上帳の残りを控えたもの（延宝六年七月二日付け）もあり、呉服分九十七反、帷子分五十一反、染紅梅三疋一反が書き上げられている。これらを見ると、幕府の倹約令は、東福門院には最後まで十分には及ばなかったようである。四代将軍家綱の時代には、東福門院に意見できる人間がすでに幕府側にいなかったということも言えよう。

もっとも、東福門院所用の呉服といっても、必ずしも本人が着用したものばかりではない。そのことは、霊元天皇の同母姉、品宮の日記からも窺える。品宮は寛永十九年（一六四二）生まれ、寛文四年に六歳年下の近衛基熙と婚姻した。日記は、その二年後の寛文六年一月から書き残されている。その日記によれば、毎年数度にわたって東福門院から小袖が贈られている。当時の天皇家は、後水尾法皇の皇子女だけでなく、故後光明天皇の皇女女一宮、後西上皇の皇子女たちがいた。さらに、後水尾上皇の姉妹宮もいる。つまり、東福門院が小袖を贈る相手は数多くいたということである。大量の呉服注文は東福門院の趣味嗜好の表れではあるが、これを自分の楽しみのためにだけ使っていたわけではない。女院として、この大所帯の天皇家の人々に、常に細やかな気配りをしていた

東福門院所用と伝えられる小袖（小袖屏風・黒綸子地斜格子菊吉祥模様絞縫腰巻、国立歴史民俗博物館所蔵）

のである。また、呉服の裂《きれ》は、袱紗《ふくさ》や袋物、趣味の押し絵などにも使用された。

他方、東福門院が、流行に敏感で、「更紗《さらさ》染めに縫など御物好きにさせられ小袖」「伊達異なる物ども」を品宮に贈ったことも記されていて（「无上法院殿御日記」）、当時のファッションリーダーの一人と目されたことを裏付けている。

慶長小袖

先行研究によると、寛永期を中心に着用された慶長小袖は、生地は紗綾《さや》・綸子《りんず》、色は黒・紅・白が主体で、文様は細かく全体の構成は抽象的、技法は絞り・刺繡《ししゅう》・摺箔《すりはく》だという。

寛文小袖

一方、寛文期を中心に着用された寛文小袖は、生地は紗綾・綸子が多く、色は白や明快な色、文様は大文様で右肩を中心に前面および左肩、右裾に位置し、余白があり、技法は刺繍・鹿の子《かこ》だという。これを、衣裳図案帳などの東福門院注文の小袖で確かめると、確かに寛文小袖と一致する点が多い。ただ、東福門院の小袖には、地色に黒紅が多いという特徴がある。これについては、馬場まみ氏の研究がある（「東福門院御用雁金屋注文帳にみる小袖に関する一考察―地色黒紅を中心に―」『風俗史学』一七号）。

東福門院の小袖

江戸時代、黒紅の染色技法には変化があったそうで、慶長小袖でよくみられる地色の黒（黒紅と称されることも多い）と、東福門院の小袖の黒紅が同じ技法かどうかはわかっていない。朝廷・公家社会では、古来より装束《しょうぞく》にも序列がある。小袖にもそれは当てはまり、織物小袖や練貫《ねりぬき》小袖《こそで》が正式のものと位置づけられていた。東福門院が雁金屋に注文した多くの小袖は、綸子地（または竜紋綸子地）に鹿の子や金糸刺繡を施したもので、それとは異なる。しかし、黒紅に染めることで、吉祥で儀礼性の強い衣服という意味をもたせたのではないかという。つまり、染小袖の中でも序列化がなされたと考えられるとする。

踊り見物

東福門院の御所は、芸能を楽しむ場所でもあった。踊りの催し物もときどき行われている。鹿苑寺《ろくおんじ》の鳳林《ほうりん》によれば、正保《しょうほう》元年（一六四四）七月二十一日、後水尾上皇に誘われて、女中踊りを見物している。女院御所では、かなり早くから行われていた催しであったことがわかるが、品宮の日記でも、皇女らが集まって踊り見物を楽しんでいる様子が記されている。

たとえば、寛文十一年十一月六日の条には「幼き子たちに今程世間に流行るひようたん踊りを踊らせてお目にかけらるる」とあり、翌年七月二十九日には、女院御所から踊り見物の招待を受け、妹宮の大聖寺宮（永亨、同母妹）、光照院宮（尊賀、異母妹）とともに出かけている。

本院御所の踊り見物

また、品宮の日記には、本院御所、つまり明正上皇の御所でも踊りの催しがあったことが記されている。明正上皇が、幕府によってかなりの行動規制を受けていたことはすでに述べた。上皇御所での「御見物」も禁じられていたが、五十歳ぐらいになっていたこの頃には、規制も解かれていたのかもしれない。寛文十一年七月二十一日、品宮は明正上皇から踊り見物の招待を受け、子供たちを連れて出かけた。東福門院も御幸し、准后（法皇の姉清子内親王）、女五宮（賀子内親王）、女一宮（後光明天皇皇女）も同席した。そのほか出入りの衆や東福門院の御供衆《おともしゅう》も大勢いて、にぎにぎしかったという。この日、明正上皇は品宮の子供たちに人形を、品宮には帯を贈った。翌年の七月二十七日にも、品宮は踊り見物に招待された。やはり東福門院が御幸した。その翌年の寛文一三年七月二十七日にも催されている。この年の五月、内裏などの御所は火事により焼失したが、明正上皇の本院御所は幸いにも被災を免れていた。「女院へおどり御めにかけらるるよし」とあるから、上皇にすれば、母東福門院を慰めるための催しだったようである。

和歌御会

『譚海《たんかい》』には、東福門院が和歌や香にも通じ、仏教にも帰依して、生涯に建立した仏像が数多あること、染筆《せんぴつ》の経巻なども寺々に伝えられていることが記されている。これらは、おそらく夫後水尾法皇の影響を受けたものであろう。事実、女院御所では、歌会が催されている。寛永十年九月六日、菊宮の七夜のお祝いとして和歌御会が開かれた。これは京都所司代板倉重宗が内々催したもので、幕府昵近衆が呼ばれた。出題は庭上《ていじょうの》鶴《つる》だった。和歌御会はこの二週間後にも行われ、今度は親王家や摂家をはじめ主だった公家衆がほとんど集まったようである。やはり所司代の板倉も加わっていた。

香

香についても、「无上法院殿御日記」の寛文十二年十月二十七日条に記載がある。この日、禁裏のお茶の口切りで、法皇と東福門院のほか、女性皇族が内裏に集まった。このおり、霊元天皇と明正上皇、東福門院、品宮、それに六人の女房衆で、十種香《じしゅこう》を行ったところ、東福門院だけが十点満点だったというのである。東福門院が、入内後、公家社会にとけ込むために、どれほど精進したかを感じさせる記事である。

光雲寺建立

　東福門院は、夫後水尾法皇とともに京の寺社復興にも力を注いだ。寛永六年二月、下鴨社の上棟が行われたが、この造営は東福門院（当時中宮）によるという。また、南禅寺の英中玄賢に帰依した東福門院は、寛文四年には南禅寺《なんぜんじ》塔中《たっちゅう》の光雲寺《こううんじ》を現在地に建立し、祈願所にした。本堂には東福門院が寄進した観世音菩薩像や念持《ねんじ》舎利《しゃり》宝塔《ほうとう》のほか、東福門院の座像が安置されている。延宝三年（一六七五）閏四月二十六日に没した女三宮は、この光雲寺に葬られ、延宝六年四月、東福門院の希望により、幕府から女三宮の仏具料として百石が寄進された。

第五　東福門院の死

一　国母の死

寛文《かんぶん》十三年（一六七三）五月の火災で女院御所《にょいんごしょ》が焼失し、延宝《えんぽう》二年（一六七四）九月十九日、東《とう》福門院《ふくもんいん》が新造御所へ御幸したことは、すでに述べた。九月二十七日、東福門院は新造御所で振舞いをし、風邪が直ったばかりの法皇をはじめ、後西《ごさい》上皇、緋宮《あけのみや》（朱宮、光子《てるこ》内親王）、品宮（常子《つねこ》内親王）が出席した。品宮によれば、各室や庭のほか、女三宮（昭子《あきこ》内親王）の御殿や対屋《たいのや》まで残らず見物した。法皇は緋宮をともなって先に還幸したが、法皇の許へ妙法院宮尭恕《みょうほういんのみやぎょうじょ》法親王ら宮門跡《みやもんぜき》が訪れたことを耳にした東福門院は、彼らも招いて庭を見せている。

内裏・新院御所造営

内裏《だいり》と後西上皇の御所の造営は、延宝三年に始まった。まず、延宝三年一月十九日、内裏の木作始《きづくりはじめ》が行われ、三月二十七日、新院御所の木作始が行われた。内裏の造営はその後、順調に進み、七月二日立柱《りつちゅう》、十一月十日地鎮《じちん》、十六日上棟《じょうとう》となった。この日から安鎮法《あんちんほう》も行われ、二十七日に天皇が新造内裏に還幸することに決まり、二十四日には、天皇還幸の習礼が行われた。一方の新院御所は、七月二十六日に立柱し、十一月二十四日から安鎮法が行われている。

京都大火

ところが、十一月二十五日、油小路一条の民家から出火した火事が大火となり、天皇の仮内裏であった近衛《このえ》邸、後西上皇の仮御所であった八条宮《はちじょうのみや》邸、明正《めいしょう》上皇の本院御所などを焼失させた。霊元《れいげん》天皇はいったん法皇の御所に避難したあと、吉田宗源《よしだそうげん》邸に移った。後西上皇は法皇の御所に避難し、明正上皇は女院御所に避難した。新造内裏と新造新院御所は、今回の造営の助役に任じられていた岡山藩主池田綱政《いけだつなまさ》や造営奉行《ぶぎょう》の仙《せん》石久俊《ごくひさとし》の家臣ら多くの武士によって守られ、無事だった（「基熙公記《もとひろこうき》」「基量卿記《もとかずきょうき》」）。このため、天皇はこの日のうちに新造内裏の女御《にょうご》御殿に入り、二十七日、廊下づたいで内々に内裏に還幸した。内侍所の本殿への渡御《とぎょ》は、十二月五日であった。

霊元天皇還幸

新造の新院御所は、十二月一日安鎮が結願《けちがん》し、翌二日上棟した。当初、後西上皇の新造御所への還幸は、同月十三日の予定であったが、この火事により上棟が行われた二日の午後、法皇の御所から新造御所へ還幸した。

後西上皇還幸

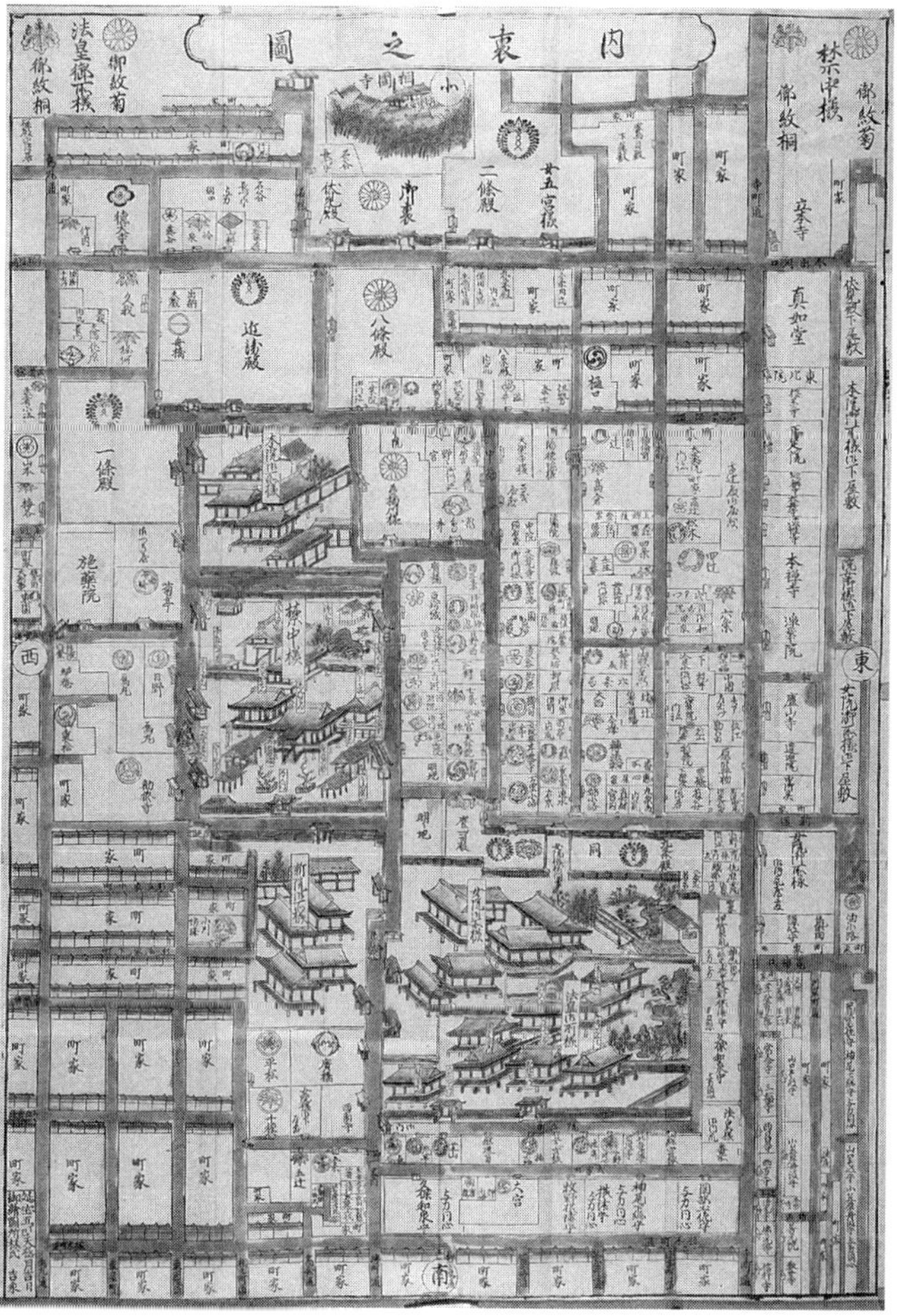

新改内裏之図（延宝5年(1677)刊、京都市歴史資料館所蔵）

東福門院の御所に避難していた明正上皇は、十二月十三日左大臣の九条兼晴《くじょうかねはる》邸に移り、ここを仮御所とした。本院御所の造営は翌延宝四年に始まり、一月二十九日木作始、九月二十四日上棟、十月二日から青蓮院宮尊証《しょうれんいんのみやそんしょう》法親王により安鎮法が修せられ、八日結願、十日に還幸している。

明正上皇還幸

東福門院の病

東福門院は、延宝四年六月から体調を崩していた。食が進まなかったところに突然の雷鳴に驚き、さらに悪くなったという（「季連宿禰記《すえつらすくねき》」延宝四年六月二十二日条）。その後も病状は芳しくなく、十二月十八日には、妙法院宮尭恕法親王により七日間の祈禱が行われ、同月二十三日から二夜三日にわたって伊勢神宮でも御祈《おいのり》が行われた。その矢先の十二月二十七日、仙洞《せんとう》御所広御所から出火し、仙洞御所と女院御所が焼失した。法皇は後西上皇の女御明子《あきこ》女王の東河原《ひがしかわら》邸に避難したあと、新院御所に移り、さらに天皇女御房《ふさ》子《こ》の御殿に入った。これは房子が生母の服喪《ふくも》のため御里《おさと》御殿に退いていて御殿が空いていたためである。東福門院は女五宮邸（二条邸）に移り、ここを仮御所した。

両院御所焼失

品宮が「誠に法わう女院御としようられて、かやうの事にあはせられ御なんぎなる事、これはいかがしたる世か、ひとあきれはつるばかり也」と記すように、前回の火事からわずか三年半後のことであった。とりわけ、東福門院は、新造御所に入ってまだ二年余りしかたっておらず、しかも病気療養中の被災となった。

見舞いの使者

延宝五年二月九日、将軍家綱《いえつな》から見舞いの使者として大老酒井忠清《たいろうさかいただきよ》の弟忠能《ただよし》（信濃《しなの》国小《こ》諸《もろ》藩主）が上洛《じょうらく》した。また、東福門院の養子である輪王寺宮守澄《りんのうじのみやしゅちょう》法親王（もと尊敬《そんきょう》）も上洛した。守澄法親王には、養子関係にあることから、東福門院の病状について内々伝えられていたという（「基熙公記」）。法親王は、こののち四ヵ月半ほど京にとどまった。

二月下旬、東福門院の病状は芳しくなかった。二十一日には、妙法院宮尭恕法親王や近衛基熙が見舞いに出向き（『妙法院史料』「无上法院殿御日記《むじょうほういんでんごにっき》」）、二十二日には品宮も訪れた。この日は、法皇や後西上皇、梶井宮盛胤《かじいのみやせいいん》法親王、青蓮院宮尊証法親王も見舞いに訪れている。品宮の日記には、法皇の御幸は「けふ（今日）も」と表現されている。二十五日には妙法院宮が、二十六日には法皇と後西上皇が見舞いに出向いたことが、確認できるので、この頃、連日のように見舞いが行われていたと考えられる。

一時回復

幕府は、二月に井上玄徹《いのうえげんてつ》、三月に山本友仙《やまもとゆうせん》と相次いで医師を上洛させて治療に当たらせた。その後、東福門院は回復を見せたらしく、五月十三日、霊元天皇は、御報賽《ごほうさい》として内侍所臨時神楽《ないしどころりんじかぐら》を行った（「基量卿記」）。さらに七月、朝廷は、井上玄徹を法印《ほういん》、山本友仙を法眼《ほうげん》に叙した。八月には、将軍家綱が、東福門院の容態を尋ねるため、中奥小姓井上利朗《としあきら》を使者として上洛させた。

その間の三月六日、後水尾《ごみずのお》法皇は、これまで仮御所にしていた内裏の女御御殿から関白鷹司房輔《たかつかさふさすけ》邸に移ることを決め、御殿を天皇に返進した。そして十八日、関白邸に移り、ここを新造御所還幸までの仮御所としている。

両院御所の造営

両院御所の造営は、六月十六日に女院御所の木作始、二十七日に仙洞御所の木作始が行われ、七月十三日、両院同時に立柱した。その後、仙洞御所は、九月十日上棟し、二十日から、梶井宮によって七日間の安鎮法が修せられ、十月二日、法皇は新造御所に還幸した。女院御所は、それより少し遅れ、九月二十九日上棟、十月二日から安鎮法が修せられ、十一日、東福門院は新造御所に還幸した。木作始から上棟までが短期間であったことからもわかるように、工事は急がれた。前回同様、両院が高齢であったことがもっとも大きな要因であろう。加えて、近年御所が再々焼失し、幕府としては諸事節減に努めていたのである。建物坪数も仙洞御所が千三百二十三坪弱、女院御所が千八百六十八坪であった。今回は特に、女院御所が大幅に縮小されている。

重病

度重なる火事と、延宝三年の女三宮の死が、高齢の東福門院にはこたえたのであろう。延宝四年六月以来の病は、将軍から派遣された医師たちの治療などにより、一時回復を見せたが、平癒に至らなかった。延宝六年五月、東福門院の病状が重いことを知らされた家綱は、歩行頭《かちがしら》大岡忠高《おおおかただたか》に医師平賀玄純《ひらがげんじゅん》を伴わせて上洛させた。輪王寺宮守澄法親王も再び上洛することになった。さらに、家綱は、小姓組《こしょうぐみ》番頭奥勤の内藤正勝《ないとうまさかつ》を伊勢へ代参させ、老中稲葉正則《いなばまさのり》をも上洛させた。東福門院が殊に「無頼御様躰」（「基熙公記」）となるなか、六月四日、輪王寺宮が到着し、六日、稲葉正則も到着した。七日、稲葉は女院御所と本院御所に参院し、八日には仙洞御所にも参院する。

幕府の見舞い品

稲葉は幕府からのお見舞いとして、東福門院に一分金を一万粒、伽羅《きゃら》八貫目、八丈《はちじょう》縞《じま》二百反、屛風《びょうぶ》二双、後水尾法皇に伽羅五貫目、金襴《きんらん》二十巻、屛風一双、明正上皇に色糸百斤、八丈縞五十反を持参していた。品宮によれば、東福門院からお裾分けとして、基熙は金子《きんす》三千疋と八丈縞三反、品宮は金子三千疋と伽羅三匁を拝領しており、このお見舞いの進上物は、天皇家に連なる人たちに配分されている。

危篤

六月十三日、品宮と基熙は、女院御所のお庭見物に招かれた。この時、東福門院は小康状態を保っていたとはいえ重体であることに変わりはなく、二人はどういう心境でお庭見物をしたのであろうか。東福門院は、六月十四日夜から危篤状態になり、翌十五日朝、公家衆らにこのことが知らされた。妙法院宮尭恕法親王や近衛基熙、品宮らは、仙洞御所から連絡を受けている。

皇子（宮門跡）皇女らが続々と、女院御所および仙洞御所に参集した。尭恕法親王の日記によれば、円照寺宮文智《えんしょうじのみやぶんち》、光照院宮尊賀《こうしょういんのみやそんが》（文察《ぶんさつ》）、女五宮（賀子《よしこ》内親王）は朝から女院御所に伺候《しこう》し、明正上皇も女院御所に御幸していた。尭恕法親王が女院御所、ついで仙洞御所に参院すると、後西上皇がすでに仙洞御所に御幸していた。さらに、一乗院宮《いちじょういんのみや》真敬《しんきょう》法親王、緋宮（光子内親王）、品宮（常子内親王）が伺候し、遅れて大覚寺宮性真《だいかくじのみやしょうしん》法親王、梶井宮盛胤法親王、近衛基熙、宝鏡寺宮理忠《ほうきょうじのみやりちゅう》、大聖寺宮永亨《だいしょうじのみやえいこう》、女一宮（後光明《ごこうみょう》天皇皇女）が伺候している。品宮の日記には、「のこらず宮かたなる」と記されており、法皇の皇子女はほとんど参集したものと思われる。また、円照寺宮については「猶々御そばにつきまいらせられてならします」とあるので、東福門院の側に朝から付きっきりだったようである。また、基熙によれば、女院御所には公家衆が数輩群参し、稲葉正則も伺候していた。

午刻（正午頃）いよいよ危急との知らせが仙洞御所に届き、法皇、後西上皇をはじめみなが廊下づたいに女院御所に渡ったが、午下刻（午後一時頃）、少し落ち着いたため、いったん仙洞御所に戻った。真敬法親王の日記によると、この頃、東福門院は最後の仰せを発した。本尊を拝したのち、女中たちにも近侍することを禁じ、円照寺の文海尼《ぶんかいに》だけを近侍させるようにし、静かに臨終《りんじゅう》の時を迎えたいと、直接女院付きの中納言局に述べたのである。未下刻（午後三時頃）、再び危急の知らせが仙洞御所に届いた。法皇と後西上皇は、東福門院の御寝所《ごしんじょ》に入り、各は女院御所内の法皇休息所の辺りに伺候した。

死去

このときすでに東福門院は死去していた。「東福門院登霞記《とうかき》」には、「円照寺の尼公」（文海尼）とともに観音経《かんのんきょう》を読誦《とくじゅ》し、眠るように亡くなったと記されている。七十二歳だった。寝所から還御した法皇の様子を、尭恕法親王は「御愁傷以外之御躰也」と表した。

近衛基熙参内

一方、近衛基熙は品宮の夫であると同時に、左大臣という地位にいる摂家近衛家の当主である。午後、天皇に言上すべき事があって禁裏《きんり》に参内した。これは東福門院が亡くなった後の触穢《しょくえ》と賢所《かしこどころ》の注連《しめ》の件であった。没後に評議したのでは遅いため、天皇に注連に関わる公家衆への沙汰を早く出すよう進言したのである。このあと仙洞御所へ帰参した基熙は、尭恕法親王から東福門院の死去を知らされて、議奏《ぎそう》の大納言今出川公規《いまでがわきんのり》に、注連の事を急ぎ天皇に沙汰されるよう言上すべきとの書状を送った。その後、基熙は天皇の召しにより再び参内《さんだい》する。ここで関白鷹司房輔、右大臣一条内房《いちじょううちふさ》と参会し、今後についての評議が始まった。

評議の内容は、諒闇《りようあん》の有無、入棺以下葬送や諒闇の伝奏《てんそう》・奉行《ぶぎよう》の人事、葬送の供奉《ぐぶ》、精進《しようじん》などについてであった。葬送の供奉に関しては、滞京中の老中稲葉正則からの問い合わせを受けていた。これらの評議は亥刻（午後十時）近くに及んだ。そして、諒闇を行うこと、凶事伝奏を万里小路雅房《までのこうじまさふさ》、同奉行を清閑寺熙定《せいかんじひろさだ》、諒闇伝奏を坊城俊広《ぼうじようとしひろ》、同奉行を東園基量《ひがしぞのもとかず》とすることなどが定められた。また、天皇の命をうけた基熙は、触穢の実施についてはこの日に、諒闇の実施については翌十六日に法皇に報告し、承諾を得た。触穢と諒闇の実施は、霊元天皇の養母である東福門院を「実母」のように待遇したことを意味し、摂家衆ら朝議を預かる者たちが、「武家時宜」「武威」を意識した結果でもあった。霊元天皇はこの実施を支持していたが、法皇は内心不満であった。そのことは天皇も摂家衆も承知していた。だからこそ法皇お気に入りの基熙が使者を勤めたのである。

十六日、葬送が泉涌寺《せんにゆうじ》、中陰御法事《ちゆういんごほうじ》が般舟三昧院《はんじゆざんまいいん》と決まり、この日、内々に東福門院の入棺が行われた。二十日、尭恕法親王は、天皇から四門額と泉涌寺・般舟院の位牌《いはい》の清書を依頼されて了承し、二十三・二十四日に清書した。二十六日、江戸から上洛した知恩院宮尊光《ちおんいんのみやそんこう》法親王が仙洞御所に参院した（『妙法院史料』）。尊光法親王も法皇の皇子で、東福門院の重病を聞いて上洛を決めたが、間に合わなかった。

二十六日、東福門院の葬送が行われた。尭恕法親王の日記によれば、行列は次の通りであった。まず酉刻（午後六時）、女中轅《じょちゅうながえ》三（女院付きの女房）・釣輿《つりこし》十四が出立した。酉下刻、庁官二行（二人）、下北面《かほくめん》二行（八人）、上北面代二行（六人）、牛飼舎人《うしかいとねり》二人、御車が

月輪陵

出門した。次に公卿二十七人（「基熙公記」では二十六人）が一行で進み、次に殿上人《てんじょうびと》二十二人が二行で続いた。「基熙公記」には、このほか「多年奉公輩群行」とあり、最後が京都所司代戸田忠昌《とだただまさ》であった。御車の傍らには女院附ら武家衆が供奉した。この葬送を、尭恕法親王は、基熙・品宮夫妻とその子供たち、一乗院宮真敬法親王、大聖寺宮永亨らと見送った。

二十七日夜、霊元天皇は、倚廬《いろ》（諒闇中に天皇がこもる仮屋のことで、今回は学問所を倚廬代として

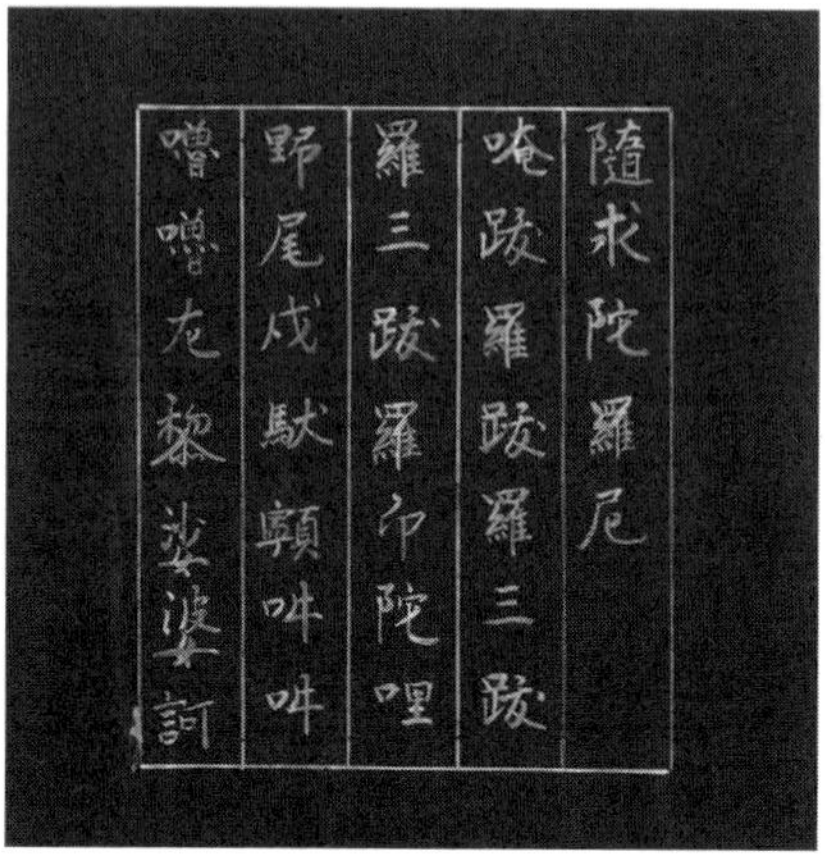

随求陀羅尼（明正天皇宸筆、十禅寺所蔵）

用いた）に渡御《とぎょ》し、七月九日夜、還御した。

霊元天皇の和歌

「霊元院御集」には、この期間に、天皇が詠んだ和歌が載せられている。

もる月のひかりもくらしあしすだれ、かかるおもひの秋のけしきに
かなしさは三とせみざりし俤の、わすれずながらさだかにもなき

中陰《ちゅういん》は七月三日から始まった。二日の夜明け、品宮は、円照寺宮ら姉妹とともに墓所の泉涌寺に出かけ、読経・焼香をして回向《えこう》した。基熙は、三日日の出頃、関白鷹司房輔、右大臣一条内房と待ち合わせ、般舟院へ焼香に出向いた。巳上刻（午前九時頃）ようやく老中稲葉正則と所司代戸田忠昌も到着した。門跡方の焼香・読経は、泉涌寺が三・四日、般舟院が七・八日と定められ、実行された。八日、稲葉正則は出京した。

法会

七月十八日、中陰の満日を迎え、般舟院・泉涌寺で四十九日の法会《ほうえ》が行われた。その

後、十九・二十日の両日は、明正上皇の沙汰による法事が泉涌寺で行われ、上皇は書写した法華経《ほけきょう》八巻を納めた。明正上皇は、東福門院没後、追善のため御経を多数書写していて、弟妹にも助筆を頼んでいる。二十七・二十八日には、後西上皇の沙汰により泉涌寺で法事が行われた。

七月二十七日、賢所の注連が取り払われ、内侍所西庭では、吉田兼連《かねつら》らにより清祓が行われた。八月六日、音奏警蹕《おんそうけいひつ》の宣下《せんげ》があり、上卿《しょうけい》は阿野季信《あのすえのぶ》、奉行職事《しきじ》は東園基量が勤めた。十五日、泉涌寺で石塔供養が行われ、九月二十五日の百か日の法事で、一連の法要は一応の区切りを迎えた。十月九日、東福門院の遺物が法皇の皇子・皇女らに届けられた。

二　十七世紀の後宮

後水尾天皇の中宮和子（東福門院）は、明正天皇の即位により国母《こくも》の地位を得た。さらに、その後の後光明天皇、後西天皇、霊元天皇の養母となり、没するまでの四十九年間、その地位は保たれたのである。しかし、そのことは同時に、三天皇の生母たちの待遇に影響を及ぼした。承応《じょうおう》三年（一六五四）、後光明天皇の死により、生母光子《みつこ》（京極局《きょうごくのつぼね》）の准《じゅ》后《ごう》・院号（壬生院《みぶいん》）宣下が、東福門院への憚《はばか》りから内々に行われたことは先述した。その後、壬生院は、明暦二年（一六五六）二月十一日に没し、泉涌寺に葬られている。

霊元天皇の生母国子

霊元天皇の生母国子《くにこ》（新中納言局）は園基音《そのもとおと》の娘で、壬生院の姪にあたり、寛永元年（一六二四）生まれとされる。寛永十七年に妙法院宮尭恕法親王を生んで以降、品宮、一乗院宮真敬法親王、青蓮院宮尊証法親王、霊元天皇、大聖寺宮永亭らを儲けた。寛文十一年（一六七一）四月十三日には、後西上皇の生母隆子（御匣局《みくしげのつぼね》）ともども知行が加増された。「中筋」にあった新中納言邸は、延宝三年（一六七五）十一月二十五日の火事で焼失し、門跡の里坊などを転々とした。この間、霊元天皇の配慮で新殿の普請《ふしん》が行われ、延宝四年九月二日、新殿に移った（没後、天皇に返還）。しかし、国子には持病があったらしく、この頃すでに体調は思わしくなかった。

延宝五年三月十四日、強い眩暈《めまい》を頻発したとの知らせが、品宮・基熙夫妻に届いた（「无上法院殿御日記」「基熙公記」）。所生の皇子女らや、生家方の人々が集まり、以後看病にあたる。その後、灸治なども施され、一時的に快方に向かったこともあったが、全体的には一進一退を繰り返しながら徐々に悪化していった。

国子の死

七月五日、病はいよいよ危急となり、法皇も御幸した。この日、朝廷ではあわただしく准后宣下が行われ、国子は准后となった。そして同日の夜中、国子は没する。またこの日から、摂家衆と武家伝奏らが参内して評議が始まった（ただし、右大臣近衛基熙は、七月三日に祖母円珠院が没したことによる服暇《ぶっか》のため参内していない）。議題は諒闇の件である。諒闇というのは、この場合、霊元天皇が母の死にあって服喪する期間のことである。しかし、国子は天皇の生母（実母）ではあったが、東福門院が養母となっていたため、憚りがあるというのが摂家や武家伝奏らの考えであった。結果、諒闇は行われないことに決する。このことが、翌年、東福門院死去時の諒闇実施の伏線となったのである。

廃朝

朝廷は、六日から廃朝五日を実施した。廃朝とは、天皇が近親者の死などによって政治を執らないことをいう。天皇が錫紵《しゃくじょ》を着すかどうかについては、六日の段階では未決定であったが（「基量卿記」）、その後、関白鷹司房輔と内大臣一条内房の勅答により三日間着すことになった（「基熙公記」延宝五年七月十一日条）。「季連宿禰記」によれば、錫紵着御は八日から三日間であった。なお同史料では、廃朝も八日から五日間とされている。

院号宣下

もう一つの問題は、院号宣下であった。天皇は自ら「新広義門院《しんこうぎもんいん》」と認めて、国子の院号を定めたが、准后宣下についてさえ、異議を唱えた公家たちがおり、院号宣下はなおさらのことであった。反対する者の言い分は、東福門院が養母である以上、国子は准母のごとしというのである。このため、武家伝奏は内々、京都所司代戸田忠昌に相談した。所司代は、国子に門院号を贈ることは、天皇の孝心から出たもので何も憚ることはないとしたが、事を丸く治めるために、百か日の頃まで宣下は延引するよう提案した。天皇はこれを受け入れた（「基熙公記」「基量卿記」）。

七月十六日、准后国子の葬送が泉涌寺で行われた。所生の皇子女である妙法院宮や品宮らと国子付きの女房らは、先に泉涌寺に向かい、行列を待った。行列には園家一門が従った。亥刻（午後十時）頃、行列が到着して、葬礼が行われた。

十月三日、参内した基熙は、院号宣下について准后宣下と同日とすることが伝えられた。「季連宿禰記」によれば、この日、院号の宣旨が作成されている。四日には、東園基量も、天皇から同様の内容が伝えられ、翌五日、宣旨が園基福《もとね》に下されることになった。百か日の法事の十日前のことである。十月十五日、泉涌寺で百か日の法事（勅会）が行われた。般舟院では、法皇による法事が行われ、門跡方は、それぞれの寺で法事を行った。

後西天皇生母隆子

後西天皇の生母隆子（御匣局）は、もっとも長命であった。貞享《じょうきょう》二年（一六八五）二月二十二日に後西上皇が没し、同じ年の五月十六日、隆子も病危急となった。このため、まずこの日、従三位に叙せられ、翌十七日、准后宣下の陣儀が行われた。上卿は醍醐冬基、奉行職事は坊城俊方が勤めた。院号については、後水尾法皇がすでに逢春門院《ほうしゅんもんいん》と定めて置いたので、今回は宣下には及ばないとのことであった（『基量卿記』）。「兼輝公記《かねてるこうき》」には、院号は後西上皇が内々に定め置かれたと記されており、事実関係は必ずしも明らかではないという（「基熙公記」貞享二年六月二日条）。後西上皇の死からちょうど三ヵ月たった

隆子の死

五月二十二日に隆子は没し、二十四日から三日間の廃朝となった。葬送は六月二日に、所生の大覚寺宮性真法親王、林丘寺宮元瑤《りんきゅうじのみやげんよう》（緋宮、光子内親王）、宝鏡寺宮理忠らの沙汰として泉涌寺で行われた。

このように、天皇の母とはいえ、正妻か否かによる制度上の格差は大きい。これは武家社会でも同様で、家の秩序を守るために必要なことでもあった。ただ、和子の場合は将軍の娘であったがゆえに、本人の望むと望まざるに関わらず、朝廷側が幕府・将軍を意識し、過敏なほどの対応をしていることが窺える。当時の幕府と朝廷との関係の縮図ともいえよう。

中宮の制度

さて、和子の中宮冊立《ちゅうぐうさくりつ》によって復活した中宮の制度が、その後どうなったかについ

ても少し触れておこう。後光明天皇には正妻がおらず、後西天皇は中継相続であったためか、女御明子女王は中宮にはなっていない（女院にもならない）。霊元天皇の正妻となった房子は、鷹司教平《のりひら》の娘で、寛文九年（一六六九）十一月に入内《じゅだい》した。皇子には恵まれず、天和《てんな》二年（一六八二）三月二十五日、松木《まつき》宗条《むねえだ》の娘所生の五宮（のちの東山《ひがしやま》天皇）の儲君治定と同時に、房子の立后も治定した。十二月二日、五宮の親王宣下（朝仁《あさひと》親王）が行われた五日後、房子の准后宣下が行われた。そして翌三年二月九日、朝仁親王の立太子宣下が行われると、その五日後、房子の立后宣下も行われたのである。本来、中宮（皇后）は女御から昇るのが常例で、その間に准后となるのは異例のことであった。もちろん、和子は准后を経ずに中宮になっている。今回の准后宣下は、幕府が立后《りっこう》は認めたものの下行《げぎょう》の費用を認めなかったために生じた政治的処置であった（「基熙公記」）。ただ、以後はこれが先例となり、歴代の女御は准后になっている。

その後、貞享四年（一六八七）三月二十一日、夫霊元天皇が譲位すると、四日後、中宮房子は院号宣下をうけて、女院（新上西門院《しんじょうさいもんいん》）となった。しかし、房子は、新天皇東山天皇の養母にはなっておらず、以後、発言権を増したのは、東山天皇の生母宗子《むねこ》の方である。元禄二年（一六八九）一月、宗子は早くも准后宣下を受け、准后となっている。和子の女院時代の後宮とは、この点で大きな違いがあり、東山天皇在位中の朝廷運営に多大の影響を及ぼすことにもなった（久保貴子『近世の朝廷運営』）。

後宮の御料

また、和子の化粧料が、万石だったというのは定説であるが、これは管見の限り史料上確認できない。女院御料も、前述したように「禁裡御知行幷公家知行付」には金銀と米で記載され、寛文七年の「御公家分限帳」には五千石、寛文～延宝期の史料には三千石と記されるなど、一定しない。いずれにせよ将軍家から多大の援助を受けられる和子は別格であり、後宮の御料制度の先例とするには無理がある。したがって、これが形成されてくるのは、房子の頃から徐々にと考えてよいであろう。実際、寛文九年の入内に際して、幕府から女御御料二千石が進上され（「重房宿禰記」）、以後、女御御料は二千石となった。ちなみに後西天皇の女御明子の御料は不明だが、後西天皇譲位直後のものとみられる「禁裡御知行幷公家知行付」では、三千俵と記されている。

女院御料

中宮房子は女院となったのちの元禄八年、千石加増されて合計三千石となり、これが女院御料三千石の先例となったようである。中宮御料が三千石と理解されるようになるのは江戸後期のことで、十七世紀の後宮にはあてはまらない。

十四歳で入内し、十年後に中和門院《ちゅうかもんいん》が没してからは、名実ともに後宮の主となった

徳川和子の気配り

徳川和子。若い頃は、夫後水尾天皇と父徳川秀忠《ひでただ》との軋轢《あつれき》に苦しむこともあり、儲君高《すけ》仁《ひと》親王ら三人の皇子女を失うという悲しみも経験した。また、天皇が譲位後、次々と他の女性との間に皇子女を儲けるのを、静かに見ていなければならないという苦痛も味わった。しかし、そのことについて不満を漏らした様子は見られない。朝廷と幕府をそれぞれ背負って婚姻した二人には、互いの立場や心情が分かり合えていたのかもしれない。

また、梅宮《うめのみや》（大通文智《だいつうぶんち》）や品宮との交流に象徴されるように、後水尾天皇の皇子女には常に気配りを忘れなかった。厳しい人物評価を下す近衛基熙の日記にも、和子に対する非難めいた言葉は記されていない。幕府の金を多少散財したという点で、幕閣を悩ませた一面はあるものの、その生涯を公武の和に尽くしたといってもよいのではないだろうか。姉勝姫の娘寧子が高松宮好仁《よしひと》親王に嫁いだとき（寛永七年）も、同じく姉珠姫の娘富姫が八条宮智忠《としただ》親王に嫁いだとき（寛永十九年）も心配りを見せた。二人はともに男子に恵まれず、その後、後水尾天皇の皇子が養子に入って家を継いでいる。逆に、後水尾天皇の弟近衛信尋《のぶひろ》の娘長君《おさぎみ》と東本願寺《ひがしほんがんじ》光瑛《こうえい》との縁組（寛永十六年）や、八条宮智仁《としひと》親王の娘梅宮と西本願寺良如《りょうにょ》との縁組（寛永十七年）では、幕府への仲介役をつとめ、縁組の肝《きも》煎《いり》をした。

将軍の娘であることを常に自覚した行動をとる一方で、時にそれを上手に利用しながら、天皇の妻、天皇の母として自分になし得る最大限のことを成す。それが徳川和子の生き方だった。

徳川氏・天皇家関係略系図

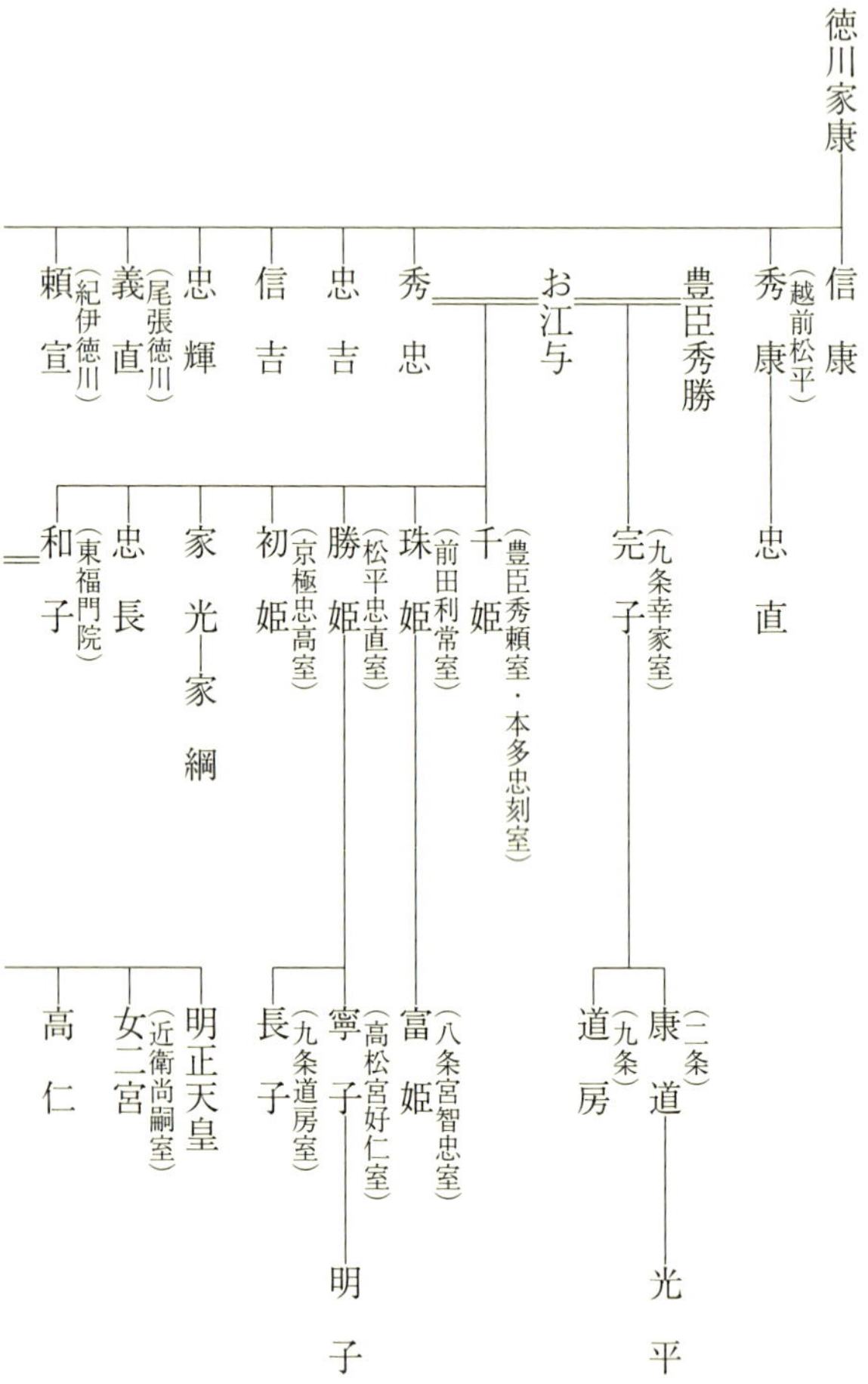
徳川家康
信康
秀康（越前松平）
忠直
豊臣秀勝
お江与
完子（九条幸家室）
康道（二条）
光平
道房（九条）
秀忠
千姫（豊臣秀頼室・本多忠刻室）
珠姫（前田利常室）
富姫（八条宮智忠室）
勝姫（松平忠直室）
寧子（高松宮好仁室）
明子
長子（九条道房室）
初姫（京極忠高室）
家光—家綱
忠長
和子（東福門院）
明正天皇
女二宮（近衛尚嗣室）
高仁
忠吉
信吉
忠輝
義直（尾張徳川）
頼宣（紀伊徳川）

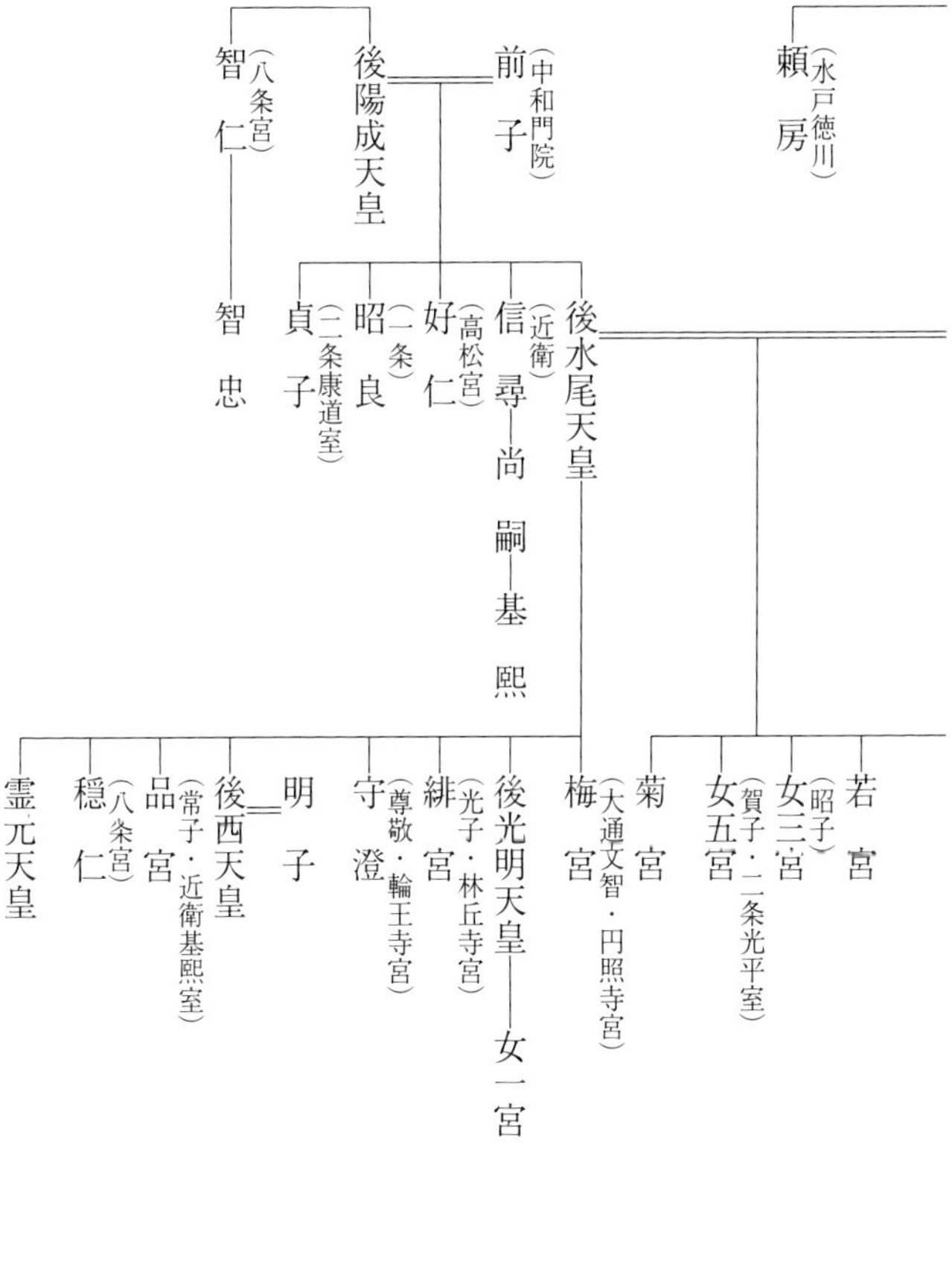
頼房（水戸徳川）
前子（中和門院）
後陽成天皇
智仁（八条宮）
智忠
後水尾天皇
信尋（近衛）
尚嗣
基煕
好仁（高松宮）
昭良（一条）
貞子（二条康道室）
若宮
女二宮（昭子）
女五宮（賀子・二条光平室）
菊宮
梅宮（大通文智・円照寺宮）
後光明天皇
女一宮
緋宮（光子・林丘寺宮）
守澄（尊敬・輪王寺宮）
明子
後西天皇
品宮（常子・近衛基煕室）
穏仁（八条宮）
霊元天皇

略年譜

年次	西暦	年齢	事蹟	参考事項
慶長一二	一六〇七	一	一〇月四日誕生、父は徳川秀忠、母はお江与（浅井氏）。	
一四	一六〇九	三	一二月、後陽成天皇、譲位の内意を徳川家康に伝える	一〇月、猪熊事件により、女官ら配流、一一月、公家衆配流
一五	一六一〇	四	二月、幕府、譲位了承○閏二月、家康、延期を奏請○一二月二三日、政仁親王（後水尾天皇）元服	
一六	一六一一	五	三月二七日、後陽成天皇譲位、後水尾天皇受禅○三月二九日、幕府、後陽成上皇に二〇〇〇石進献○四月一二日、後水尾天皇即位	三月二八日、二条城で家康と豊臣秀頼が会見○九月、勝姫、松平忠直と婚姻
一九	一六一四	八	三月、朝廷、入内の内旨を発し、家康受諾	一〇月、大坂冬の陣
元和元	一六一五	九	七月一七日、禁中并公家中諸法度公布	五月、大坂夏の陣
二	一六一六	一〇		四月一七日、家康死去○九月二九日、千姫、本多忠刻に再嫁
三	一六一七	一一		八月二六日、後陽成上皇死去
四	一六一八	一二	六月二一日、入内が元和五年に決定か○この年、後水尾天皇第一皇子賀茂宮誕生	

五	一六一九	一三	六月二〇日、後水尾天皇第一皇女梅宮誕生○九月五日、天皇、譲位の意向を伝える○九月一八日、公家衆処罰	五月二七日、将軍秀忠上洛
六	一六二〇	一四	二月二七日、入内が六月に決定○五月八日、江戸出立、二八日上洛○六月二日、従三位に叙せられる○六月一八日、入内○六月二三日、中和門院と対面	二月一八日、新上東門院死去○六月二日、後水尾天皇生母前子、院号宣下（中和門院）
七	一六二一	一五	一二月一五日、脇附御祝	
八	一六二二	一六	六月一六日、鬢曽木の儀	
九	一六二三	一七	五月二三日、公家衆、女御御殿拝観○六月八日、秀忠上洛○六月二五日、秀忠参内、女御御殿で対面○七月一三日、家光上洛○八月六日、将軍家光参内、女御御殿で対面○閏八月八日、家光出京○閏八月一一日、秀忠、禁裏御料一万石進献○閏八月二一日、秀忠出京○一一月一九日、女一宮（明正天皇）誕生○一二月二一日、女一宮、女院御所へ渡御	二月、将軍秀忠、松平忠直を蟄居させる○七月二七日、家光、伏見城で将軍宣下○一一月二四日、後水尾天皇妹貞子内親王、二条康道と婚姻○一二月二〇日、鷹司孝子、家光に輿入れ
寛永元	一六二四	一八	三月二五日、天皇・女御和子、女院御所に渡御○七月二七日、天皇、八条宮の若宮を猶子とする○一一月二八日、中宮冊立	
二	一六二五	一九	九月一三日、女二宮誕生	

三	一六二六	二〇	六月二〇日、秀忠上洛○七月一二日、秀忠参内、中宮御所で対面○八月二日、家光上洛○八月一八日、家光参内、中宮御所で対面○九月六日、天皇・中宮和子、二条城行幸啓○一〇月五日、幕府、中宮御所法度制定○一一月一三日、皇子誕生○二五日、皇子、親王宣下（高仁）	九月一五日、大御台お江与死去○九月二五日、家光出京○一〇月六日、秀忠出京
四	一六二七	二一	四月二八日、幕府、天皇の譲位を承諾	
五	一六二八	二二	六月一一日、高仁親王夭折○八月二日、秀忠、天皇の譲位の意向を止める○九月二七日、皇子誕生○一〇月一日、皇子、八条宮智仁親王の養子分となる○一〇月六日、皇子夭折	
六	一六二九	二三	五月、天皇、譲位の意向を幕府に伝える○八月二七日、女三宮誕生○一〇月一〇日、家光の乳母ふく参内○一〇月二九日、女一宮、内親王宣下（興子）○一一月八日、天皇譲位、明正天皇受禅○一一月九日、中宮附天野長信を江戸へ派遣、院号宣下（東福門院）○一二月二三日、幕府、天皇の譲位を追認	四月七日、八条宮智仁親王死去○七月二五日、幕府、大徳寺の沢庵らを配流○一〇月二九日、後水尾天皇の姉清子内親王、准三宮宣下
七	一六三〇	二四	九月一二日、明正天皇即位○一二月一〇日、上皇・女院、新造御所へ移る	七月三日、中和門院死去○一二月二二日、高松宮好仁親王、寧子（東福門院の姪）と婚姻

八	一六三一	二五	七月二二日、梅宮、鷹司教平と婚姻	一月二日、八重宮誕生（生母隆子）
九	一六三二	二六	六月五日、女五宮誕生	一月二四日、大御所秀忠死去
一〇	一六三三	二七	三月一二日、素鵞宮（後光明天皇）誕生（生母光子）○九月一日、菊宮誕生○一一月、疱瘡を患う	
一一	一六三四	二八	七月一一日、家光上洛○七月一五日、菊宮夭折○七月一八日、家光参内○閏七月三日、家光、院御料七〇〇〇石増献○閏七月一一日、今宮誕生（生母光子）○八月五日、今宮を養子とする○この年、梅宮離縁	七月一日、緋宮誕生（生母隆子）
一二	一六三五	二九	九月一六日、明正天皇、院御所へ行幸	
一三	一六三六	三〇	二月、麻疹を患う○一一月二三日、女二宮、近衛尚嗣と婚姻	
一四	一六三七	三一	一一月一六日、秀宮（後西天皇）誕生（生母隆子）○一二月八日、女三宮、内親王宣下（昭子）	
一五	一六三八	三二	六月一六日、明正天皇、鬢曽木の儀	六月三日、高松宮好仁親王死去
一七	一六四〇	三四	三月一二日、明正天皇、院御所へ行幸○八月二八日、梅宮剃髪（大通文智）	五月二六日、春日局上洛
一八	一六四一	三五	一月二六日、新造内裏木作始○この年、文智、修学院に草庵（円照寺）を結ぶ	
一九	一六四二	三六	六月六日、新造内裏上棟○六月一八日、明正天皇、還幸○九月二日、素鵞宮儲君となる○閏九月一九	九月二七日、八条宮智忠親王、富姫（東福門院の姪）と婚姻

二〇	一六四三	三七	日、素鵞宮を養子とする○一二月一五日、素鵞宮、親王宣下（紹仁）九月二七日、紹仁親王元服○一〇月三日、明正天皇譲位、後光明天皇受禅○一〇月二一日、後光明天皇即位	八月晦日、幕府、禁裏附・新院附新設
正保 元	一六四四	三八	一〇月二日、女五宮、内親王宣下（賀子）、今宮、親王宣下（幸教）○一〇月一六日、幸教親王、得度（尊敬）	
二	一六四五	三九	一月二八日、女五宮、二条光平と婚姻	
三	一六四六	四〇		三月一九日、一糸文守死去
四	一六四七	四一	八月二九日、尊敬法親王、江戸上野東叡山に入る	一一月二七日、秀宮、高松宮家相続
慶安 元	一六四八	四二	二月二二日、後水尾上皇・女三宮らと岩倉へ御幸	
二	一六四九	四三	九月一一日、後水尾上皇・明正上皇・女三宮らと長谷へ御幸	
四	一六五一	四五	二月二五日、後光明天皇、仙洞御所へ行幸○五月六日、後水尾上皇落飾○五月一五日、女二宮死去○一一月二五日、良仁親王（秀宮）元服	四月二〇日、将軍家光死去○八月一八日、家綱、将軍宣下
承応 二	一六五三	四七	六月二三日、内裏焼失	
三	一六五四	四八	三月一二日、新造内裏木作始○五月二五日、高貴宮（霊元天皇）誕生（生母国子）○九月二〇日、後光明天皇死去、法皇、高貴宮を後光明天皇の養	九月一九日、法皇皇子幸宮（穏仁親王）、八条宮邸へ移る○一〇月五日、天皇生母光子に准后・院号宣下（八

			子に定める、のち良仁親王の中継相続を内定○一〇月五日、幕府、朝廷の皇位継承案了承○一一月二六日、良仁親王を養子とする○一一月二八日、後西天皇践祚	月一八日付）
明暦 元	一六五五	四九	一〇月二一日、新造内裏上棟○一一月一〇日、後西天皇還幸	
二	一六五六	五〇	一月二三日、後西天皇即位○四月、文智（円照寺宮）大和国八島に移住	二月 一日、光子（壬生院）死去
万治 元	一六五八	五二	一月一六日、高貴宮を猶子とする○一月一八日、高貴宮、親王宣下（識仁）	
寛文 元	一六六一	五五	一月一五日、京都大火、岩倉御殿に避難○二月二三日、一条邸に移る	
二	一六六二	五六	五月二日、新造内裏木作始○九月一〇日、女五宮の娘、徳川綱重と婚姻○一一月五日、内裏上棟○一二月三日、女院御所木作始	五月一日、京都大地震
三	一六六三	五七	一月二六日、後西天皇譲位、霊元天皇受禅○四月二七日、霊元天皇即位○七月二八日、女院御所上棟○八月二一日、新造御所に還幸○九月四日、法皇・明正上皇・後西上皇と長谷御幸○九月一一日、法皇・明正上皇・後西上皇と修学院御幸	一〇月一五日、幕府、衣服令発布
四	一六六四	五八	この年、光雲寺を建立	

五	一六六五	五九	一一月八日、女二宮の娘好君、伏見宮貞致親王と婚姻	
八	一六六八	六二	八月五日、家綱、円照寺に寺領二〇〇石寄進	
九	一六六九	六三	一一月一二日、文智（円照寺宮）、大和国山村に移住	一一月二一日、鷹司房子、入内、幕府、女御御料二〇〇〇石進上
一一	一六七一	六五	七月二一日、本院御所で踊り見物〇一一月六日、女院御所で踊り見物	
一二	一六七二	六六	七月二七日、本院御所で踊り見物〇七月二九日、女院御所で踊り見物	
延宝元	一六七三	六七	五月九日、京都大火、女五宮邸に避難〇六月二六日、一条邸に移る〇九月五日、仙洞御所木作始〇一二月八日、女院御所木作始〇一二月一九日、法皇、新造御所に還幸	
二	一六七四	六八	八月二三日、女院御所上棟〇九月一九日、新造御所に還幸〇九月二七日、女院御所で振舞い	
三	一六七五	六九	一月一九日、内裏木作始〇三月二七日、新院御所木作始〇閏四月二六日、女三宮（昭子内親王）死去〇一一月一六日、内裏上棟〇一一月二五日、京都大火、明正上皇、女院御所に避難〇一一月二七日、霊元天皇、新造内裏に還幸〇一二月二日、新院御所上棟、後西上皇、新造御所に還幸〇一二月	

			一三日、明正上皇、九条邸に移る	
四	一六七六	七〇	一月二九日、本院御所木作始〇六月、病発症〇九月二四日、本院御所上棟〇一〇月一〇日、明正上皇、新造御所に還幸〇一二月一八日、妙法院宮、七日間の祈禱〇一二月二三日、伊勢神宮で御祈〇一二月二七日、仙洞・女院両御所焼失、女五宮邸に避難	
五	一六七七	七一	二月九日、家綱の見舞いの使者酒井忠能上洛、輪王寺宮上洛〇二月、家綱、医師井上玄徹を派遣〇三月、家綱、医師山本友仙を派遣〇五月一三日、霊元天皇、内侍所臨時神楽執行〇六月一六日、女院御所木作始〇六月二七日、仙洞御所木作始〇九月一〇日、仙洞御所上棟〇九月二九日、女院御所上棟〇一〇月二日、法皇、新造御所に還幸〇一〇月一一日、新造御所に還幸	七月五日、霊元天皇生母国子、准后宣下、死去〇一〇月五日、国子、院号宣下（七月五日付）
六	一六七八	七二	四月、幕府、円照寺に一〇〇石加増〇五月、重病〇六月四日、輪王寺宮上洛〇六月六日、老中稲葉正則上洛〇六月一三日、近衛基熙・品宮夫妻、女院御所のお庭見物〇六月一五日、死去〇六月二六日、葬送〇六月二七日、霊元天皇、倚廬に渡御〇七月九日、霊元天皇、還御〇七月一八日、四九日	

の法会○七月二七日、内侍所西庭で清祓○八月一五日、泉涌寺で石塔供養○九月二五日、一〇〇か日の法事

主要参考文献

斎木一馬他『徳川諸家系譜』一～四 続群書類従完成会 一九七〇～八四年
黒板勝美『徳川実紀』（新訂増補国史大系）二～五 吉川弘文館 一九八一年
東京大学史料編纂所『大日本近世史料 細川家史料』三 東京大学史料編纂所 一九七二年
東京大学史料編纂所『大日本近世史料 細川家史料』八 東京大学史料編纂所 一九八二年
東京大学史料編纂所『大日本近世史料 細川家史料』九 東京大学史料編纂所 一九八四年
東京大学史料編纂所『大日本近世史料 細川家史料』一六 東京大学史料編纂所 一九九八年
岩沢愿彦『系図纂要』一 名著出版 一九九六年
藤井譲治・吉岡真之『後陽成天皇実録』全二巻 ゆまに書房 二〇〇五年
藤井譲治・吉岡真之『後水尾天皇実録』全三巻 ゆまに書房 二〇〇五年
藤井譲治・吉岡真之『明正天皇実録』 ゆまに書房 二〇〇五年
藤井譲治・吉岡真之『後光明天皇実録』 ゆまに書房 二〇〇五年
藤井譲治・吉岡真之『後西天皇実録』 ゆまに書房 二〇〇五年
藤井譲治・吉岡真之『霊元天皇実録』全三巻 ゆまに書房 二〇〇五年
末永雅雄・西堀一三『文智女王』 円照寺 一九五五年

平井聖『中井家文書の研究　内匠寮本図面篇』一～三　中央公論美術出版　一九七六～七八年
朝尾直弘「『元和六年案紙』について」（『京都大学文学部研究紀要』一六）　一九七六年
熊倉功夫『後水尾天皇』　岩波書店　一九九四年
霞会館『寛永の華　後水尾帝と東福門院和子』　霞会館　一九九六年
施超倫「江戸初期の譲位問題と天皇の政治的位置の構造」（『歴史学研究』六九四）　一九九七年
藤井讓治『徳川家光』（人物叢書）　吉川弘文館　一九九七年
久保貴子『近世の朝廷運営―朝幕関係の展開―』　岩田書院　一九九八年
笠谷和比古『関ヶ原合戦と近世の国制』　思文閣出版　二〇〇〇年
瀬川淑子『皇女品宮の日常生活』　岩波書店　二〇〇一年
京都国立博物館『花洛のモード―きものの時代―』　思文閣出版　二〇〇一年
馬場まみ「東福門院御用雁金屋注文帳にみる小袖に関する一考察」（『風俗史学』一七）　二〇〇一年
藤井讓治「八月二日付徳川秀忠仮名消息をめぐって」（『史料が語る日本の近世』）　吉川弘文館　二〇〇二年
久保貴子「江戸時代―武家社会のはざまに生きた皇女」（『歴史のなかの皇女たち』）　小学館　二〇〇二年
橋本政宣『近世公家社会の研究』　吉川弘文館　二〇〇二年

野村玄『日本近世国家の確立と天皇』清文堂　二〇〇六年

著者略歴
一九六〇年生まれ
一九九一年早稲田大学大学院文学研究科博士後期課程満期退学
一九九七年博士（文学、早稲田大学）
主要著書
近世の朝廷運営

人物叢書　新装版

徳川和子

二〇〇八年（平成二十）二月二十日　第一版第一刷発行

著　者　久保貴子《くぼたかこ》
編集者　日本歴史学会
代表者　平野邦雄
発行者　前田求恭
発行所　株式会社　吉川弘文館
東京都文京区本郷七丁目二番八号
郵便番号一一三―〇〇三三
電話〇三―三八一三―九一五一〈代表〉
振替口座〇〇一〇〇―五―二四四
http://www.yoshikawa-k.co.jp/
印刷＝株式会社 平文社
製本＝ナショナル製本協同組合

ISBN978-4-642-05245-0

『人物叢書』（新装版）刊行のことば

人物叢書は、個人が埋没された歴史書が盛行した時代に、「歴史を動かすものは人間である。個人の伝記が明らかにされないで、歴史の叙述は完全であり得ない」という信念のもとに、専門学者に執筆を依頼し、日本歴史学会が編集し、吉川弘文館が刊行した一大伝記集である。

幸いに読書界の支持を得て、百冊刊行の折には菊池寛賞を授けられる栄誉に浴した。

しかし発行以来すでに四半世紀を経過し、長期品切れ本が増加し、読書界の要望にそい得ない状態にもなったので、この際既刊本の体裁を一新して再編成し、定期的に配本できるような方策をとることにした。既刊本は一八四冊であるが、まだ未完である重要人物の伝記についても鋭意刊行を進める方針であり、その体裁も新形式をとることとした。

こうして刊行当初の精神に思いを致し、人物叢書を蘇らせようとするのが、今回の企図である。大方のご支援を得ることができれば幸せである。

昭和六十年五月

日本歴史学会

代表者　坂本太郎

円　珍　佐伯有清著
諸宗や僧侶を批判し経典の蒐集校勘と園城寺復興に努めた、5世天台座主寺門派の祖、智証大師伝。

菅原道真　坂本太郎著
学者から右大臣に昇り、讒にあって流謫、大宰府に死す。時代と併せ描く学問の神「天神様」の実伝。

聖　宝　佐伯有清著
聖徳太子の後身として崇められた傑僧。諸宗派を摂取し、山林修行に精魂をこめた気高い生涯を描く。

三善清行　所　功著
『意見封事』で有名な論策家。激しい学閥争いのなかで巧みに身を処した逞しい文人官吏の生涯描く。

藤原純友　松原弘宣著
平安中期の官僚。なぜ海賊集団を組織し反逆者となったのか。古代海賊の分析を交えて生涯を描く。

紀　貫之　目崎徳衛著
万葉復古の風潮で急顛落した王朝歌壇の偶像の生涯と業績を検討し、再評価の先駆けをなした伝記。

良　源　平林盛得著
叡山中興の祖。平安中期、第18代天台座主の光と影の生涯と、現代におよぶ元三大師信仰を描く。

藤原佐理　春名好重著
三跡の一、屈指の能書家。放縦のため屢々失錯演じ不遇の後半生送る。遺品織り成してその生涯描く。

紫式部　今井源衛著
王朝ロマンの最高峰―『源氏物語』作者の全生涯を、その社会的・政治的背景の上に鮮明に浮彫す。

一条天皇　倉本一宏著
平安中期の天皇。藤原摂関家と協調し王権の安定を築き、王朝文化を開花させた英主の実像に迫る。

大江匡衡　後藤昭雄著
平安中期の文人官僚。妻は赤染衛門、一条天皇の侍読。漢詩文に優れた足跡を残した名儒の伝。

源　信　速水　侑著
日本浄土教の祖と仰がれる『往生要集』の著者の偉大な生涯を、転換期の時代相を背景に活写する。

源　頼光　朧谷　寿著
酒呑童子退治で有名な頼光の、武勇に秀で処世の術にもたけた生涯を、巧みに描いたユニークな伝。

藤原道長　山中　裕著
平安中期、摂関政治全盛を築いた公卿。外戚の地位を確固として栄華の世を極めた、傑出した生涯。

藤原行成　黒板伸夫著
一代の名筆と謳われ、抜群の政治感覚で道長政権下に活躍。「権記」手掛りに貴族官僚の実像に迫る。

清少納言　岸上慎二著
枕草子の著者。学識と機智に富む稀代の才女。その家系・結婚・宮仕え・晩年に亙る全生涯を浮彫す。

和泉式部　山中　裕著
摂関全盛期の代表的女流歌人。博捜した史料をもとに、その苦難に満ちた波瀾の全生涯を解明す。

源　義家　安田元久著
武門の棟梁として威名天下に轟き、武勇の神と仰がる。史実に基づいて究明した〝八幡太郎〟の伝。

大江匡房　川口久雄著
平安末期最高の知識人。最も漢詩に長じ和歌・朝儀にも通じた学者兼政治家の人間像を精細に描く。

奥州藤原氏四代　高橋富雄著
僻遠の奥州に燦然たる文化と富裕な平泉王国を建設。清衡以下四代の事蹟とその興亡の跡を解明す。

藤原頼長　橋本義彦著
悪左府―保元乱の元凶？院政下の複雑な政情分析し、数奇な運命を巧みに浮彫した人間頼長の初伝。

藤原忠実　元木泰雄著
平安後期の摂政・関白。落日の摂関家を担って院勢力と苦闘、保元の乱に至る波乱の生涯を描く。

源 頼政 多賀宗隼著
老残の身を挺し平氏打倒の烽火を上げ、中世開幕の口火を切る。和歌をも活用してその実像を描く。

平 清盛 五味文彦著
『平家物語』の語る虚像を剝ぎ、朝廷の政治世界に初めて武家政権を開いた武人の一生を描く決定版。

源 義経 渡辺 保著
赫々たる武勲と数奇な運命！いっさいの粉飾ぬぐい、正確な史料により描いた〝悲劇の英雄〟の伝。

西 行 目崎徳衛著
知られなかった多くの史実を明らかにし〝数奇の遁世者〟西行の特異な生き方の全貌を平易に描く。

後白河上皇 安田元久著
平氏盛衰から鎌倉幕府確立の激動期に権謀めぐらし、朝廷の権威存続をはかる。独裁的政治家の生涯。

千葉常胤 福田豊彦著
関東の名族、東国御家人の筆頭—千葉常胤を通して頼朝政権の基盤を解明せんとする野心的な伝記。

源 通親 橋本義彦著
平安末から鎌倉初期、乱世を積極的に生きぬいた公家政治家。通説を排し足跡辿り全体像を描く。

畠山重忠 貫 達人著
鎌倉武士の典型、美談に富む誠実礼節の勇士。遂に北条氏に滅ぼされる、数奇な生涯を鮮かに綴る。

法 然 田村圓澄著
南都北嶺の反対にめげず専修念仏をもって初めて浄土宗を開く。弾圧下信念に生き抜いた高僧の伝。

栄 西 多賀宗隼著
鎌倉期臨済宗の開祖。茶祖。日本の思想と文化に偉大な感化与えた名僧の人と事蹟を鮮やかに描く。

北条義時 安田元久著
源家断絶を図り実朝暗殺を演出、承久乱に三上皇流し執権政治を確立す。典型的な現実政治家の伝。

大江広元 上杉和彦著
鎌倉前期の文人政治家。卓越した政治手腕をふるい幕府の核として武家政権の確立に貢献した生涯。

北条政子 渡辺 保著
恋愛・嫉妬、そして勝気。頼朝没後尼将軍と謳われた女傑。肉親相剋の悲劇とその苦悩併せ浮彫す。

慈 円 多賀宗隼著
平安末—鎌倉初頭の転換期に仏教界に君臨。すぐれた和歌と史論により不朽の名残す大思想家の伝。

明 恵 田中久夫著
栂尾高山寺の開山。戒律を重んじ行法に励み徳望一世に聞ゆ。鎌倉初頭華厳名僧の高潔な生涯描く。

藤原定家 村山修一著
中世歌壇の大御所、二条派歌学の祖、優れた歌論家。古典研究にも功績多い著名な堂上歌学者の伝。

北条泰時 上横手雅敬著
御成敗式目の制定者、稀代の名執権と謳わる。その誠実と苦悩の人間像を激動する時代の上に描く。

道 元 新稿版 竹内道雄著
曹洞宗の開祖。入宋し古風禅を伝え、帰朝後永平寺を創建。正法眼蔵で著名な高僧の行実思想描く。

親 鸞 赤松俊秀著
肉食妻帯を自ら実践し、真の民衆宗教を樹立した傑れた宗教家。異説多い親鸞伝の諸問題を解明す。

日 蓮 大野達之助著
余宗排撃と国難来の予言—憎悪・迫害裡に敢然獅々吼折伏続ける情熱の宗祖！大日蓮の真面目描く。

北条時宗 川添昭二著
蒙古襲来の時代を生きた第八代鎌倉幕府執権。襲来の全容、異母兄時輔の誅殺等歴史の真相を描く。

一 遍 大橋俊雄著
鎌倉期時宗の開祖。踊念仏、札くばりなど独自の布教で全国を行化。初めて成る遊行上人の実伝。

叡尊・忍性
和島芳男著
戒律再興と社会事業に献身する師弟二人の高僧。わが国慈善救済史上に不滅の光彩放つ香り高い伝。

京極為兼
井上宗雄著
鎌倉後期、革新的な歌論・歌風を以て「京極派」を確立。両統対立の政界に活躍した反骨歌人の実伝。

金沢貞顕
永井　晋著
鎌倉末期の執権。病弱な北条高時とともに、衰えゆく鎌倉幕府を支えた悲劇の政治家の実像に迫る。

菊池氏三代
杉本尚雄著
肥後の名族菊池氏―その同族結合と南北朝期の活動を、武時・武重・武光の三代中心に精彩に描く。

新田義貞
峰岸純夫著
鎌倉幕府を滅ぼした武将。南北朝動乱を体現しながらも、凡将・愚将とされてきた人物像を見直す。

花園天皇
岩橋小弥太著
両統迭立期、対立する後醍醐君臣の施政にも理解と好意示し、公正な態度持した文徳高い天皇の伝。

赤松円心・満祐
高坂　好著
円心の挙兵、満祐の将軍弑逆、政則の家運再興等―赤松一族興亡の歴史を代々の事蹟を追って描く。

卜部兼好
冨倉徳次郎著
徒然草で有名な中世の隠者・歌人・評論家。変革期の世相を巧みに批判す！新史料で其人間像を描く。

覚　如
重松明久著
本願寺を創建して門徒王国の基礎を築く。草創期真宗教団の諸問題織り成し、波瀾に富む生涯描く。

足利直冬
瀬野精一郎著
南北朝時代の武将。父尊氏と生涯死闘を演じ、敗れて長い隠棲の果て没した波瀾の生涯を描く実伝。

佐々木導誉
森　茂暁著
南北朝動乱期「ばさら大名」の典型。芸能・文芸に堪能な文武両道に秀でた風雲児の生涯を描く。

細川頼之
小川　信著
幼将軍義満を輔佐し、一旦政争に敗れ失脚したが後再び復帰、室町幕府の基礎固めた、名宰相の伝。

足利義満
臼井信義著
南北朝を合体し有力諸大名を制圧、幕府の基礎を固む。王者の如き権勢者の面目を時代と共に描く。

今川了俊
川添昭二著
名探題として九州制覇の功遂げ、傍ら最も和歌連歌に秀で、文学史上に不朽の名遺す風流文人の伝。

上杉憲実
田辺久子著
室町前期の関東管領。永享の乱で主持氏を自害させ、出家して諸国を行脚。足利学校再興者の初伝。

一条兼良
永島福太郎著
博学宏才、中世随一の学者。応仁の乱下深く古典究め東山文化の基礎培う。政治観併せ描く碩学の伝。

蓮　如
笠原一男著
真宗中興の祖。御文の作成と名号の頒布―盛んな布教活動で真宗王国の基礎築いた傑僧の面目描く。

宗　祇
奥田　勲著
室町後期の連歌師。「新撰菟玖波集」はじめ数々の作品を著し、全国に連歌を広めた旅の詩人の生涯。

万里集九
中川徳之助著
室町末期の禅僧。五山文芸後期『梅花無尽蔵』を残す悲運の詩人。波瀾の生涯を禅林文芸を交え描く。

三条西実隆
芳賀幸四郎著
戦国擾乱の世に公家文化の育成と普及に務めた功績著大。学芸史に輝く教養高い文化人の生涯描く。

大内義隆
福尾猛市郎著
文化の愛好と貿易の富力で「山口王国」を築き、逆臣のため非業な末路遂げた風雅な武将悲劇の伝。

ザヴィエル
吉田小五郎著
東洋伝道の使徒、わが国最初の布教者。その聖なる生涯を、苦難の伝道と偉大なる感化併せて描く。

三好長慶 長江正一著
細川氏に被官から実力ナンバーワンへ。下剋上の代表者と誤解される戦国教養人の多彩な生涯描く。

武田信玄 奥野高広著
屢々謙信と角逐し、信長を畏怖せしめた戦国無双の名将。中原の鹿射損じた長恨の生涯と面目描く。

朝倉義景 水藤　真著
北陸越前に京風文化を移す。浅井氏と結び信長に反抗して大敗、一乗谷に滅ぶ波乱の生涯を描く。

浅井氏三代 宮島敬一著
北近江の地域社会が生んだ戦国大名。三代の興亡から浮かぶ、新たな戦国大名像とその時代に迫る。

明智光秀 高柳光寿著
三日天下で有名な典型的反逆児。主君弑逆の原因如何。其人間像描き心裡を分析し歴史の謎を解く。

大友宗麟 外山幹夫著
キリシタン大名として有名な戦国武将。その領国支配体制を解明し、波瀾に富む生涯を巧みに描く。

千　利休 芳賀幸四郎著
茶聖利休！偉大な芸術的大天才。其人と芸を転換期の世相上に浮彫し、自刃し果る数奇な生涯描く。

足利義昭 奥野高広著
室町幕府最後の将軍。失脚後も見果ぬ夢抱いて転々諸国を流浪。運命に翻弄された数奇な生涯描く。

前田利家 岩沢愿彦著
信長・秀吉から家康へ、変転する動乱の世を生き抜いた勇気と誠実の人。加賀藩祖の真面目浮彫す。

長宗我部元親 山本　大著
戦国土佐の大名。四国制覇後秀吉に降り領国経営に腐心、南国文化築く遺風今に伝わる名将の伝。

安国寺恵瓊 河合正治著
東福寺住持―毛利家重臣―秀吉の腹臣―関ヶ原役西軍主謀者―斬首。最も波瀾に富む劇的生涯描く。

石田三成 今井林太郎著
吏務に長じて秀吉に抜擢され、その遺命守って敢然孤忠を尽す。波瀾の生涯と悲愴な末路を浮彫す。

真田昌幸 柴辻俊六著
安土桃山時代の智将。転変後秀吉に仕え、「表裏比興の者」と評された事跡を検証し実像に迫る初伝。

高山右近 海老沢有道著
貧しい人々の棺を自ら担いだキリシタン大名。改宗を肯んぜず、国外に追放された聖なる生涯描く。

島井宗室 田中健夫著
著名な博多商人、海外貿易家、茶人。織豊政権の蔭に暗躍した典型的新興町人の興味ある生涯描く。

淀　君 桑田忠親著
父母の仇敵秀吉の愛妾となり、のち落日の大坂城に君臨、家康に屈せず自滅し果てた悲劇女傑の伝。

片桐且元 曽根勇二著
豊臣秀吉に仕えた賤ヶ岳七本槍の一人。大坂の陣を前に苦悩奔走した真相と実像を浮き彫りにする。

藤原惺窩 太田青丘著
近世朱子学の開祖。門下に林羅山・松永尺五らを輩出。文芸復興に画期的役割果した業績と人間像。

支倉常長 五野井隆史著
慶長遣欧使節としてローマ教皇に謁見した仙台藩士。禁教令二五〇年の封印から蘇った実像に迫る。

伊達政宗 小林清治著
秀吉・家康の政権下、独眼よく奥羽を制覇し屈指の大藩築く。使臣のローマ派遣等多彩の生涯描く。

天草時貞 岡田章雄著
一世を震撼させた島原乱の指導者、美貌の少年天使。豊富な史料により其生立ちと一揆の顛末描く。

立花宗茂 中野　等著
九州柳川藩の祖。大友宗麟配下の一武将から大名となり、晩年徳川将軍家に重用された波乱の生涯。

佐倉惣五郎 児玉幸多著
義民惣五郎は果して架空の人物か。新史料を発見して実在を証し、事件の背景影響等を併せ解明。

小堀遠州 森　蘊著
遠州流茶道の祖、建築・造庭の巨匠。遺稿と文献を調査して、天才的大芸術家の生涯と事蹟を描く。

徳川家光 藤井譲治著
江戸幕府三代将軍。機構の整備、大名統制、鎖国等により幕制を確立。「生まれながらの将軍」を描く。

由比正雪 進士慶幹著
楠流軍学者。浪人充満の不穏な世相バックに丸橋忠弥らと結託、幕府転覆を企て計破れた快雄の伝。

林　羅山 堀　勇雄著
博識を以て家康以下三代に仕え、子孫相承けて幕府文教の権を握る。典型的な御用学者の生涯描く。

国姓爺 石原道博著
本名鄭成功、母は平戸の日本女性。国姓朱氏を賜わり、抗清復明の義挙に生涯捧げた混血快漢の伝。

野中兼山 横川末吉著
近世土佐の大政治家。無比の経世家か領民収奪の鬼か。過度の善政苛政と化して失脚した数奇な伝。

隠　元 平久保　章著
黄檗宗万福寺の開祖。招きに応じ渡来、朝野の尊崇博し三百年来失墜の禅風を振起した明名僧の伝。

徳川和子 久保貴子著
江戸初期、徳川将軍の娘ながら後水尾天皇の皇后となり、公武の和に尽力した「東福門院」の生涯。

酒井忠清 福田千鶴著
徳川四代将軍家綱期の老中・大老。専制政治家という後世の評価とは異なる、その生涯と時代を描く。

朱舜水 石原道博著
明末の大儒。亡国後日本に投化し徳川光圀に厚遇さる。水戸学に大なる感化与えた高節帰化人の伝。

池田光政 谷口澄夫著
民政に文教に治績をあげた誉れ高い名君。備前岡山藩祖の生涯を、時代的背景の上に巧みに浮彫す。

山鹿素行 堀　勇雄著
日本中朝主義を唱え、武士道学を大成。幕府仕官の念願叶わず、不遇裡に終るその生涯を見事描写。

井原西鶴 森　銑三著
不朽の名作一代男の作者―文学史上に輝く大浮世草子作家の生涯を厳密な作品研究の上に浮彫す。

松尾芭蕉 阿部喜三男著
旅を愛し旅を歌い旅に死んだ天成の大詩人。最近の研究成果踏まえ、巧みに作品織り成す俳聖の伝。

三井高利 中田易直著
近世日本最大の財閥三井家始祖。元禄期の優れた大商人。商業史上特筆されるその生涯と事業描く。

河村瑞賢 古田良一著
英知と創意工夫により、日本海海運の開拓と淀川治水事業に不滅の功遂げた江戸初期大事業家の伝。

徳川光圀 鈴木暎一著
「水戸黄門」と『大日本史』編纂で知られる二代水戸藩主。起伏に富む生涯を活写し、その実像に迫る。

契　沖 久松潜一著
僧侶の身で深く古典を究め、文献学的方法を確立して国学の先駆となる。其生涯と不朽の学績描く。

市川団十郎 西山松之助著
元禄前期江戸劇壇の花形初代団十郎から現十二代まで、成田屋歴代の人と芸道・精神を描く列伝。

伊藤仁斎 石田一良著
京都市井の大儒、堀川学派の祖。古学を唱え徳行高く門下三千と称される。其生涯と学問を併せ解明。

徳川綱吉 塚本　学著
生類憐みの令により犬公方の異名で知られ、毀誉褒貶の雑説にまみれた、徳川五代将軍の生涯。

貝原益軒 井上 忠著
江戸中期の福岡藩儒者。経学・医学・教育学など、多数の著述で一世に偉大な感化与えた大儒の伝。

前田綱紀 若林喜三郎著
加賀藩中興の英主。民政特に改作法の実施と典籍収集の功著大。名君の事蹟を新たに再検討した伝。

近松門左衛門 河竹繁俊著
劇作家の氏神と称せられる大近松の不明とされたその素性と生涯を作品織りなして巧みに浮彫す。

新井白石 宮崎道生著
近世詩壇の土者、和漢洋に亙る博学者。「正徳の治」を企画し、国際人の先駆をなした天才の全伝。

鴻池善右衛門 宮本又次著
大阪随一の富豪鴻池歴代の事歴とその財閥成長の過程を、豊富な未公開資料を駆使して鮮かに解明。

石田梅岩 柴田 実著
江戸時代の社会教化・成人教育に偉大な役割演じた〃心学〃開祖の伝。その生涯と行実巧みに描く。

太宰春台 武部善人著
経済学を「経世済民」と捉え、世界に通用する理論を展開した江戸中期の大儒。学問と生涯を描く。

徳川吉宗 辻 達也著
江戸幕府中興の英主、幕藩体制転換期の象徴的将軍。その生涯と施政描き享保改革の実体を究明す。

大岡忠相 大石 学著
「大岡越前」で知られる江戸中期の幕臣。江戸南町奉行として将軍吉宗の享保改革を支えた実像。

賀茂真淵 三枝康高著
国学の巨匠、天成の万葉歌人、熱烈な復古思想家。その生涯と業績を時代的背景の上に巧みに描く。

平賀源内 城福 勇著
江戸中期の博物学者・戯作者。エレキテルの発明者。奇才抱いて獄中に憤死した異常の生涯描く。

与謝蕪村 田中善信著
俳画渾然の新境地を開いた江戸時代の代表的文人画家。名利に恬淡として生きた生涯と人間性描く。

三浦梅園 田口正治著
豊後の僻村に在って思索重ね、『玄語』以下の驚異的哲理書著わす。近世日本の独創的大思想家の伝。

毛利重就 小川國治著
江戸中期の萩藩主。藩政改革を断行し、維新動乱期の軍資金蓄積の基礎築いた名君、中興の祖初伝。

本居宣長 城福 勇著
国学の大成者。「古事記伝」を著わし、復古神道の基礎を築く。その学問・思想と生涯を精緻に描く。

山村才助 鮎沢信太郎著
大槻玄沢門下の異才、わが国世界地理学の恩人。史上に埋もれた一篤学者の先駆的業績と生涯描く。

木内石亭 斎藤 忠著
生涯を奇石の収集と愛玩に賭け、趣味より進んで日本先史学の開拓者となる。江戸中期一異才の伝。

小石元俊 山本四郎著
蘭学草創期に京都に蘭方医学を唱道し、解体十余度、その技匹敵する者なしと謳われた先覚者の伝。

山東京伝 小池藤五郎著
戯作と浮世絵の大家、典型的〃通人〃—江戸文学の理解に最適の作家—の文芸と生涯を巧みに描く。

杉田玄白 片桐一男著
蘭学の確立と発展に熱情を傾け通し、不朽の名著『蘭学事始』を遺した先覚者の生涯を鮮明に描く。

塙 保己一 太田善麿著
幼時失明の身で群書類従始め莫大な古典編集校刊の偉業遂ぐ。驚嘆すべき盲人学者稀有の生涯描く。

上杉鷹山 横山昭男著
藩政改革にすぐれた治績あげた米沢藩主。その人と生涯に新照明あてる斬新な〃封建名君〃の伝。

大田南畝
浜田義一郎著
蜀山人・四方赤良。天明狂歌壇の王者、洒落本滑稽本作者。その生涯を軽妙無類な作品と併せ描く。

小林一茶
小林計一郎著
庶民の哀歓と童謡の世界を率直に歌いあげた異色の俳人。その生活面をも浮彫りするユニークな伝。

大黒屋光太夫
亀井高孝著
極北の小島に漂着つぶさに辛酸をなめ、十一年後露都より送還された数奇な運命児の歴史的大記録。

菅江真澄
菊池勇夫著
江戸後期、東北・北海道を巡り、民俗学の先駆となる貴重な記録を残した「遊歴文人」の生涯。

島津重豪
芳　即正著
江戸後期の薩摩藩主。積極的な開化政策を推進、幕末薩摩活躍の礎を築いた異色大名の生涯を描く。

狩谷棭斎
梅谷文夫著
書誌学・金石学の基礎築き、考証学を大成。実証を信条とした江戸後期、博学町人学者の初の伝記。

最上徳内
島谷良吉著
わが国における「北方問題」の先駆として活躍し、晩年はシーボルトより最も学的尊敬を得た人物伝。

渡辺崋山
佐藤昌介著
幕末の優れた文人画家、田原藩家老。戦後発掘の新史料を基に〝蛮社の獄〟の真相と悲劇の生涯描く。

柳亭種彦
伊狩　章著
『田舎源氏』で空前のブームを起し、天保改革に筆を奪われた旗本戯作者。その作品と併せ生涯描く

香川景樹
兼清正徳著
中世歌学と国学者の復古的歌論斥け歌壇の革新はかる。桂園派の歴史的意義を解明した興味ある伝。

平田篤胤
田原嗣郎著
宣長に触発されたが別な方向に思想を形成、神道を宗教的に深めようとした後期国学の代表的人物。

間宮林蔵
洞　富雄著
輝かしい大探検家―シーボルト事件の密告者―幕府の隠密。前半生と後半生の明暗二面併せ浮彫す。

滝沢馬琴
麻生磯次著
原稿料で生計を立てた最初の作家。晩年失明後も大作〝八犬伝〟を完成させた、悲壮な生涯を描く。

調所広郷
芳　即正著
薩摩藩、財政改革の立役者。新見解を示し、その全容を解明。幕末維新史上の薩摩活躍の謎を探る。

橘　守部
鈴木暎一著
〝宣長学〟を大胆に批判し創見に富む古典研究に新境地を開く。国学史上異彩放つその生涯を解明。

黒住宗忠
原　敬吾著
天照大神の信仰とまじないによる病気治療とで新宗教を開く。特異な宗派神道―黒住教教祖の実伝。

水野忠邦
北島正元著
天保改革を断行し幕政の危機打開計ったが士民の怨嗟買って失脚！悲劇の宰相苦闘の生涯を活写す。

帆足万里
帆足図南次著
画期的な科学書『窮理通』、非凡な経世書『東潜夫論』日本科学史に異彩放つ先駆者の生涯と業績を描く。

江川坦庵
仲田正之著
天保の改革から品川台場・反射炉に着手するまで。太平に眠る幕閣に警鐘をならした幕末先覚者の伝。

藤田東湖
鈴木暎一著
代表的な水戸学者。藩主斉昭の腹心。藩政改革と国家の独立維持に尽瘁した熱血漢波瀾の生涯描く。

広瀬淡窓
井上義巳著
江戸後期の大教育者。私塾咸宜園を開設、大村益次郎・高野長英らを輩出。その教育と人間像描く。

大原幽学
中井信彦著
勝れた下総の農民指導者協同組合の創始者。均等自作農のモデル村落建設し、弾圧に斃れた生涯描く。

島津斉彬 芳 即正著
人格・識見に優れ、内治・外交に卓抜な英知示す。殖産興業・富国強兵に努めた開明派薩摩藩主の伝。

月　照 友松圓諦著
幕吏に追われて西走、西郷と相抱いて薩摩潟に投身した悲劇の勤王僧。その人間像を初めて浮彫す。

橋本左内 山口宗之著
安政大獄に散った幕末の偉大な青年。その識見と短生涯の事績描き、誤られた戦前の左内観を正す。

井伊直弼 吉田常吉著
安政の獄を断行し志士を弾圧！開国の先覚か違勅の元凶か？新史料を駆使して時代と人物を浮彫す。

吉田東洋 平尾道雄著
幕末土佐藩政改革の主役者。藩営専売仕法の実施等により西南雄藩の一たらしむ。隠れた偉材の伝。

佐久間象山 大平喜間多著
識見高邁なる幕末開国論者。上洛して国事に奔走中刺客の凶刃に斃る。偉丈夫の面目巧みに浮彫す。

真木和泉 山口宗之著
尊攘激派の理論的指導者として重きをなし禁門の変に敗れて自刃。その生涯と歴史的意義を解明す。

高島秋帆 有馬成甫著
初めて西洋砲術を修め、攘夷論渦巻く中、率先洋式兵制の採用と開国の要を唱道した先覚者の伝。

シーボルト 板沢武雄著
鎖国下に西欧科学を伝え幾多の俊英を輩出、広く日本を世界に紹介す。その功業の史的意義を解明。

高杉晋作 梅溪 昇著
幕末の長州藩士。尊攘・討幕運動を指導し、奇兵隊を創設。維新の夜明け前に病没した波乱の短生涯。

川路聖謨 川田貞夫著
日露和親条約締結の立役者。軽輩から立身して能吏として名を挙げついに幕府に殉じた生涯を描く。

横井小楠 圭室諦成著
肥後から迎えられて越前松平春嶽の顧問となり、雄藩連合による開明的施策に身命捧げた先覚の伝。

山内容堂 平尾道雄著
幕末土佐の名君、大政奉還の偉功者、詩酒奔放の粋人。伝統のきずなと先覚者の苦悩を併せ浮彫す。

江藤新平 杉谷 昭著
明治初期立法の偉功者。征韓論で下野、佐賀乱を起して梟首さる。激動の時代と共に描く悲劇の伝。

和　宮 武部敏夫著
公武合体の犠牲となって家茂に嫁し、幕府滅亡の際苦悶を極む。幕末史彩る数奇な皇女の運命描く。

西郷隆盛 田中惣五郎著
太っ腹で誠実、維新三傑の一。征韓論に破れ衆に擁せられて挙兵、従容薩南に散華する大生涯描く。

ハリス 坂田精一著
安政条約の調印に成功し日本開国の主役を演ず。唐人お吉の伝説で有名な辣腕外交家の面目を描く。

森　有礼 犬塚孝明著
近代教育制度の創始者。初代文相。優れた孤高な文政家の多様な思想と行動を探り、実像に迫る。

松平春嶽 川端太平著
幕末越前の名君。開国進取の達見抱き、朝幕の板挟みに苦悩するその生涯を激動の時代と併せ描く。

中村敬宇 高橋昌郎著
西国立志編・自由之理等の訳述と盛んな啓蒙活動女子教育・幼児教育・盲唖教育を開拓した先覚者。

河竹黙阿弥 河竹繁俊著
脚本およそ三六〇空前の大作者、近世演劇の集大成者。伝記と作品解説兼ねる歌舞伎理解の好指針。

寺島宗則 犬塚孝明著
蘭学者、外交官、政治家として、幕末明治の激動期を生きた政論家の実像を鮮かに描く本格的評伝。

樋口一葉
塩田良平著
娘手一つに一家を支え、貧窮裡に天稟を磨き、不朽の名作残し忽然世を去った薄命閨秀作家の生涯。

ジョセフ＝ヒコ
近盛晴嘉著
わが国最初の新聞発刊者。13歳で漂流渡米し受洗帰化。帰国後開国日本に寄与した浜田彦蔵異色伝。

勝　海舟
石井　孝著
機略縦横、幕・藩の障壁を徹した改革勢力の全国的連合にその全精力を燃やした海舟の生涯を描く。

臥雲辰致
村瀬正章著
ガラ紡織機を発明し日本産業発展史上に不滅の名残す。窮乏裡に不撓の努力続ける苦悩奮闘の生涯。

黒田清隆
井黒弥太郎著
埋もれた明治の礎石、伊藤博文のライバル。北海道開拓を始め、其の多彩にして悲劇的生涯を活写。

伊藤圭介
杉本　勲著
日本植物学の鼻祖、近代科学史上の一先駆。明治十二傑の一人に数えられた異数な学者の生涯描く。

福沢諭吉
会田倉吉著
卓抜な識見による西洋文明の紹介と独立市民の育成、広範な史料に基づく近代日本の大先覚の伝。

星　亨
中村菊男著
苦学力行、独学渡英。後政界に入り政友会領袖として活躍中凶刃に斃る。剛腹な明治政界偉材の伝。

中江兆民
飛鳥井雅道著
明治の自由民権思想家。フランス学派の代表と目された〝東洋のルソー〟の苦悩の生涯を描く。

西村茂樹
高橋昌郎著
明治の思想家・教育者。独立国家形成のため、欧米文化の吸収を唱え生涯教育を実践した大学者の伝。

正岡子規
久保田正文著
闘病の床に驚異の文学活動続け、俳句・和歌の革新に不滅の偉業遂ぐ。明治詩壇巨匠を新視角で描く。

清沢満之
吉田久一著
明治仏教界の明星、今親鸞。近代日本の哲学思想に偉大な感化与えた宗教的天才の思想と生涯描く。

滝　廉太郎
小長久子著
わが国近代音楽史上、最初の作曲家。「荒城の月」「箱根八里」などに不朽の名残す天才の短命な生涯。

田口卯吉
田口　親著
明治時代のエコノミスト・政治家・起業家・歴史家として前人未到の足跡を残した快男児50年の生涯。

福地桜痴
柳田　泉著
明治前半期の天才的ジャーナリスト。非凡の才能を抱きながら世に容れられぬ生涯を如実に描く。

陸　羯南
有山輝雄著
明治時代のジャーナリスト。徳富蘇峰らとならび異彩を放つ論説を展開した、孤高の人生に迫る。

児島惟謙
田畑　忍著
大津事件勃発に朝野愕然たる際、敢然政治的干渉排し司法権の独立を護持した明治法曹界巨人の伝。

荒井郁之助
原田　朗著
幕臣として活躍後、近代黎明期の自然科学の基礎を築いた科学者。初代中央気象台長の異色の伝記。

幸徳秋水
西尾陽太郎著
社会主義から無政府主義へ、非戦論から直接行動へ。大逆事件の主謀者として刑死した革命家の伝。

ヘボン
高谷道男著
物情騒然たる幕末日本に渡来、伝道と施療と和英辞書の編集に生涯を捧ぐ銘記すべき一恩人の伝。

石川啄木
岩城之徳著
薄命の大天才詩人。波瀾の裏面生活と若き妻の非命織り成し、苦悩に満ちた短生涯を鮮かに浮彫す。

乃木希典
松下芳男著
軍神と崇められる明治の象徴的将軍。その古武士的風格と冷厳な家庭生活併せ描く人間乃木の実伝。

岡倉天心 斎藤隆三著
東洋特に日本美術の優秀性を喝破全世界に唱道した大先覚者。近代日本美術生みの親の生涯を描く。

桂　太郎 宇野俊一著
明治期の軍人政治家。長州藩閥のエリートとして立身し、三たび組閣し桂園時代を担った全生涯。

加藤弘之 田畑　忍著
初代東大総長、学士院院長。明治の思想界・法曹界に君臨し一世に感化与えた碩学・大論争家の伝。

山路愛山 坂本多加雄著
卓抜のジャーナリスト。キリスト教信仰、透谷との論争、平民史観の展開等、思想活動の事績描く。

伊沢修二 上沼八郎著
明治教育界の大開拓者。師範教育・音楽教育・体操教育・植民地教育・吃音矯正事業等に輝く異色の伝。

秋山真之 田中宏巳著
明治海軍の戦術家。独自の「秋山兵学」で日本海海戦に勝利。日本海軍の明暗を分けた栄光と苦悩。

前島　密 山口　修著
郵便の父。海運・鉄道・新聞・教育等々、近代日本確立期に多彩な活躍をした真摯な人物像を活写。

成瀬仁蔵 中嶌　邦著
近代女子教育発展に尽力した日本女子大学の創立者。あるべき社会を問い平和を願った生涯を探る。

前田正名 祖田　修著
明治の殖産興業政策の推進者。全国行脚により地方産業の育成・振興に捧げた生涯を克明に描く。

大隈重信 中村尚美著
「政治はわが生命」を信条に生涯を政治に捧げ、のち早大を創立す。偉大な政党政治家の面目描く。

山県有朋 藤村道生著
国軍建設の父、明治の元勲、政党政治の抑圧者、絶対主義の権化。その生涯と功罪を巧みに浮彫す。

大井憲太郎 平野義太郎著
自由民権運動の急先鋒、大阪事件の首領。のち普選運動と労働者農民運動に尽した熱血の生涯描く。

富岡鉄斎 小高根太郎著
セザンヌ・ゴッホにも比すべき大芸術家と喧伝される非凡な文人画家。その生涯を作品と併せ描く。

大正天皇 古川隆久著
虚弱体質の宿命を背負いつつ、激動の明治・昭和の狭間で大正時代を治めた「守成」の君主の実伝。

津田梅子 山崎孝子著
明治四年わずかに七歳で米国へ留学。女子教育の母として、津田塾と共に永遠に名残す女流先覚者。

豊田佐吉 楫西光速著
大工の子に生れ織機の改良に専念、遂に世界的鉄製自動織機を完成す。発明王・紡績王の生涯描く。

渋沢栄一 土屋喬雄著
近代日本の発展に多大な役割演じた大実業家。驚嘆すべき広範活動を時代の息吹と共に鮮明に描く。

有馬四郎助 三吉　明著
クリスチャン典獄、愛の刑務官として、わが国行刑史上に不滅の名残す、勝れた天職者の生涯描く。

武藤山治 入交好脩著
鐘紡王国の建設、実業同志会の結成、時事新報社長―政財界の悪と戦い凶弾に仆れた巨人の生涯。

坪内逍遙 大村弘毅著
明治大正期の文壇に君臨した文豪。演劇に小説に翻訳に教育に輝く不滅の業績を私生活と併せ解明。

山室軍平 三吉　明著
救世軍最初の日本司令官として、伝道と公娼廃止・貧民救済・免囚保護等々に献身した聖き生涯描く。

南方熊楠 笠井　清著
奇行に富む型破りの非凡な学者！海外及び帰国後の全生涯を生物学・民俗学の業績とあわせ描く。

中野正剛
猪俣敬太郎著
偉大なリベラリストから全体主義へ。のち東条に抗しその弾圧下に割腹。激動の世相と波瀾の詳伝。

河上　肇
住谷悦治著
マルクス主義経済学者、共産主義者。弾圧下に飽くまで学問的良心を守り抜くひたむきな生涯描く。

御木本幸吉
大林日出雄著
近代日本の世界的な大商人！伝説化された既往の真珠王伝を、新資料により大きく書改めた力篇。

尾崎行雄
伊佐秀雄著
藩閥に抗し軍国主義と戦い、終生を政党政治擁護に捧ぐ。憲政の神と仰がれる節操高い政治家の伝。

緒方竹虎
栗田直樹著
戦後の五五年体制の礎を築いた政治家。埋もれつつある「情報組織の主宰者」としての足跡を辿る。

▽以下続刊